AF396151

NOTICE

sur

SAINT-NICOLAS-DES-CHAMPS.

IMPRIMERIE ET FONDERIE DE E.-J. BAILLY,
PLACE SORBONNE, 2.

NOTICE

SUR LA PAROISSE

DE

SAINT-NICOLAS-DES-CHAMPS,

A PARIS;

ORIGINE HISTORIQUE

ET

DESCRIPTION DE SON ÉGLISE,

DE SES CHAPELLES ET SÉPULTURES,

DE SES ÉTABLISSEMENS ANCIENS ET NOUVEAUX, DE SES HÔTELS,

RUES, BOULEVARDS, PLACES, IMPASSES, PASSAGES, ENCLOS;

PAR L'ABBÉ PASCAL,

Chanoine honoraire, Membre du clergé de cette Paroisse,

Correspondant du Comité historique des arts et monumens, près le Ministère de l'Instruction publique,

Membre titulaire de l'Institut d'Afrique pour la section d'Archéologie, etc.

PARIS.

A LA SACRISTIE DE SAINT-NICOLAS-DES-CHAMPS.

LAGNY FRÈRES, LIBRAIRES,   L'AUTEUR,

RUE BOURBON-CHATEAU, 1.   RUE AUMAIRE, 40.

1841.

A

M. Jean-Baptiste Frasey,

Curé de Saint-Nicolas-des-Champs , Doyen de MM. les Curés de Paris ,
licencié de l'ancienne Faculté de Théologie ,
Chanoine honoraire de l'Église Métropolitaine de Notre Dame ,

ET

A MM. les Membres du Conseil de Fabrique de cette Paroisse.

LETTRE

DE Mgr L'ARCHEVÊQUE DE PARIS

A L'AUTEUR.

Paris, le 16 août 1841.

Le compte favorable qui nous a été rendu, Monsieur l'Abbé, de vos *Notices historiques sur les paroisses de Saint-Nicolas-des-Champs et de Saint-Louis-en-l'Ile,* nous prouve que vous avez parfaitement compris l'utilité de fixer et de conserver des traditions précieuses et intéressantes pour les pieux fidèles et les archéologues.

Je verrai avec plaisir le goût de ce genre de travail se répandre et assurer à nos neveux une connaissance exacte de l'état des arts chez nos pères et de leur zèle pour les monumens religieux.

Recevez, monsieur l'Abbé, l'assurance de mon sincère attachement.

† DENIS, ARCHEVÊQUE DE PARIS.

CHAPITRE PREMIER.

CONSTRUCTIONS PRIMITIVES ET SECONDAIRES.

—

§ I.

Discussion préliminaire.

« L'antiquité donne aux temples et aux cérémonies
un caractère d'autant plus vénérable qu'elle nous en
présente une origine plus reculée. » Ces paroles,
qu'un écrivain célèbre (1) met dans la bouche d'un
païen, en faveur de son culte qu'on le sollicitait d'a-
bandonner pour embrasser la foi chrétienne, peuvent,
sans nul doute, s'appliquer aux monumens que la
même foi, victorieuse du monde, a édifiés. Parmi ceux

(1) Minutius-Félix.

dont la capitale de France, fille aînée de l'Eglise, peut se glorifier, nous plaçons le temple érigé, en l'honneur du vrai Dieu, sous l'invocation de saint Nicolas. Cet illustre pontife de l'Eglise de Myre, ville métropole de la Lycie, dans l'Asie-Mineure, avait laissé après sa mort une si haute idée de ses vertus, que la liturgie de saint Jean Chrysostome lui avait consacré une prière spéciale, et que la ville de Constantinople avait bâti en son honneur plusieurs basiliques. L'Église grecque lui a toujours voué un culte solennel, et l'on n'ignore pas que la Russie, convertie à la religion chrétienne, se plaça sous le patronage de saint Nicolas. Aujourd'hui encore, ce grand empire, quoique séparé de la communion catholique par le déplorable schisme de Photius, conserve pour le saint évêque de Myre l'antique vénération dont les populations orientales lui ont transmis l'héritage. Après Dieu, le Moscovite ne reconnaît point, si l'on peut ainsi parler, une providence plus bienveillante que celle de saint Nicolas. Trop heureuses ces immenses contrées, si leur foi était celle du pontife illustre que la pureté de sa doctrine et son intime et constante union avec l'Église romaine ont placé dans le catalogue des saints qu'elle honore !

Nous n'avons point à discuter les différentes opinions qu'on a émises sur le grand évêque de Myre, sur sa présence au concile de Nicée et la translation

de ses reliques à Bari, dans le royaume de Naples,
vers la fin du onzième siècle. Il est constant que l'E-
glise occidentale avait une grande vénération pour
saint Nicolas, au moins trois siècles avant cette translation. Celle-ci n'a donc pu être le signal de l'empressement que montraient les peuples de l'Europe pour
le culte de ce saint. L'histoire de Robert, roi de France,
nous apprend que ce pieux monarque fit ériger, à Paris, une église, ou du moins une chapelle en l'honneur
de saint Nicolas. Tout le monde convient de ce fait;
mais il n'y a point unanimité d'opinions sur le lieu
même où cet édifice fut élevé. Il entre donc dans notre
plan de faire connaître et de concilier, s'il est possible, les sentimens opposés de plusieurs écrivains.

Selon quelques historiens qui ont écrit sur Paris,
une maison royale existait auprès de cette ville, dans
les vastes champs qui se prolongeaient de la rive septentrionale de la Seine jusqu'à Saint-Denis. Il paraî-
trait qu'auprès de ce palais il y avait très anciennement
une abbaye sous le nom de Saint-Martin. Personne
n'ignore quelle était la dévotion des rois et des peuples
envers ce grand évêque de Tours. Sa chape était le
palladium de nos armées, et jamais il ne se livrait
de bataille où les Français ne portassent respectueu-
sement cette fameuse relique, comme un gage certain
de la victoire. On ne pourrait donc pas être surpris que
les princes missent sous la protection de saint Martin

leur demeure royale, en l'édifiant auprès d'un monastère qui portait son nom. Ainsi, malgré l'absence de documens positifs, nous serions enclin à suivre le sentiment des écrivains qui admettent l'existence d'une maison royale dans le voisinage de Saint-Martin-des-Champs, aux portes de l'ancienne enceinte de Paris. Sans doute ce n'était point la demeure habituelle des rois, puisque leur palais était situé dans la Cité, à l'endroit même qui est aujourd'hui connu sous le nom de *Palais de Justice*. Mais, en ces temps-là, pas plus que dans les temps modernes, les têtes couronnées ne se bornaient pas à une seule résidence royale. Et, antérieurement même à l'époque dont nous parlons, n'y avait-il pas autour de la capitale plusieurs habitations décorées du nom de *royales*, d'où ces monarques ont daté plusieurs actes de leur autorité souveraine? Il ne nous est pas démontré qu'il n'y en avait point de ce genre auprès du monastère Saint-Martin.

Robert, auquel son titre de *Dévot* a valu de la part des petits esprits de la secte voltairienne un brevet de ridicule qui n'a point été ratifié par les esprits véritablement forts, les hommes instruits et les historiens consciencieux; ce roi, que les chroniqueurs plus rapprochés du temps où il a vécu nous représentent comme un homme *lettré*, *vertueux*, *sage* et *de bonnes mœurs*, fit bâtir un palais remarquable, *insigne*, et voulut qu'on y annexât une chapelle en l'honneur de saint Nicolas. Voilà ce que dit *Helgaldus, Helgaud,* moine de Fleury ou Saint-Benoît-sur-Loire, dans sa vie de Robert. Quel lieu précis occupait ce palais? Etait-ce une construction toute nouvelle, ou une ré-édification? C'est ce que le biographe ne dit pas, et il laisse ainsi un vaste champ aux conjectures.

Si l'on adopte, avec *Piganiol de la Force* et quelques autres écrivains, l'opinion que ce palais édifié ou reconstruit par Robert occupait la place sur laquelle se trouve aujourd'hui le Palais de Justice, il faudra y découvrir quelques traces de cette église ou chapelle de Saint-Nicolas. Nous convenons que, dans un manuscrit sur la Sainte-Chapelle, par maître *Jean Mortis,* conseiller du roi et chanoine de la Collégiale qui la desservait, cet auteur, qui en déduit l'histoire depuis sa fondation jusqu'à l'année 1457, dit au premier chapitre que Louis-le-Gros avait édifié en ce lieu un oratoire en l'honneur de Notre-Dame; puis, au deuxième chapitre, l'auteur, paraissant répudier cette assertion, dit que cet oratoire était sous le vocable de saint Nicolas. Peut-être a-t-il voulu donner à entendre que, dans l'oratoire Notre-Dame, le même roi avait fondé un autel sous le titre de Saint-Nicolas, à moins qu'il ne soit question du petit oratoire de Saint-Michel, auprès de la Sainte-Chapelle, lequel fut d'abord connu sous le nom du saint évêque de Myre.

Quoi qu'il en soit, il paraît constant qu'il existait

une chapellenie quelconque dans l'enceinte de ce palais de la Cité, sous l'invocation de saint Nicolas. Mais cela ne prouverait pas démonstrativement que l'érection de cette chapelle est justement celle dont plusieurs historiens ont voulu parler; car son existence pourrait fort bien être antérieure au règne du roi Robert. Il ne faut point perdre de vue ce que nous avons dit au sujet de la vénération que l'Eglise occidentale avait pour saint Nicolas, dès le sixième siècle.

C'est ici maintenant que nous devons faire ressortir une considération qui ne sera pas sans importance : c'est que nous trouvons à Paris une autre église de Saint-Nicolas, dans le voisinage d'une habitation royale. C'est le Louvre. L'origine de cet édifice religieux, placé sous le vocable du saint évêque de Myre, n'est point, il est vrai, connue. Mais ceci même est un argument en faveur de son antiquité. Ne dirait-on pas que nos rois avaient singulièrement à cœur de posséder, auprès de leur demeure, un oratoire pour y honorer saint Nicolas? Et ceci ne deviendrait-il pas une présomption favorable à l'opinion vers laquelle nous penchons, que, dans nos rois, à la vive confiance envers saint Martin s'unissait une vénération spéciale pour cet autre évêque qui, sous le ciel de l'Asie, avait accompli un brillant apostolat, comme l'évêque de Tours dans les contrées occidentales? Une demeure royale placée sous le double protectorat des saints pontifes Martin et Nicolas nous paraît un fait historique d'une très grande probabilité.

Il est vrai que la légende du bréviaire de Paris n'attribue à Robert que l'érection de l'oratoire Saint-Nicolas, auprès du palais de la Cité, à l'endroit même où est bâtie la Sainte-Chapelle. Mais si l'on ne veut point placer la fondation de cet oratoire à une époque plus ancienne que le règne de ce prince, quoique nous soyons fondé à penser le contraire, cela ne nous empêchera pas de lui attribuer cette autre fondation en l'honneur du même saint, auprès de la demeure royale voisine de Saint-Martin-des-Champs. Ainsi l'un n'exclura pas l'autre, et peut-être aussi pourra-t-on concilier les deux opinions, comme nous en avons manifesté le dessein. Une tradition constante, religieusement conservée dans la paroisse de Saint-Nicolas-des-Champs, attribue au roi Robert la fondation de cette église, auprès de son palais, *ad œdes regias*, et une inscription monumentale, sur laquelle nous aurons occasion de revenir, la consacre formellement. C'est ce qui explique l'omission du passage de la légende du bréviaire de Paris, dans l'office patronal de Saint-Nicolas-des-Champs, où d'ailleurs il n'a pas été remplacé par une version contradictoire. Du reste, la Sainte-Chapelle n'a pas été construite sur le terrain qu'occupait l'oratoire de Saint-Nicolas, comme l'insinue la légende du bréviaire ci-dessus mentionnée, mais sur celui où était l'ancienne salle du palais, selon quelques auteurs.

On a lieu de s'étonner que, parmi tant d'écrivains qui ont exploré le champ de l'histoire civile et religieuse de Paris, il n'y en ait point, du moins à notre connaissance, qui, en parlant de Saint-Nicolas, près du célèbre prieuré de Saint-Martin, ait fait mention d'une église ou chapelle en l'honneur de saint Jean-l'Evangéliste, premier patron de cette paroisse. Ce vocable seul démontre qu'en ce lieu, long-temps avant le roi Robert, existait une fondation religieuse, de quelque nom qu'on veuille l'appeler, sous l'invocation du bien-aimé disciple du Sauveur. Pour peu qu'on soit versé dans les matières liturgiques, on sait que, dans les premiers siècles de l'ère chrétienne, et long-temps encore après le règne de Constantin, les églises étaient placées sous le vocable du Dieu Sauveur, ou bien de la sainte Vierge, des apôtres, des disciples, des saints confesseurs de la foi insérés dans le canon de la messe. Les anciens prophètes étaient pareillement honorés de cette prérogative. De là les édifices connus sous les titres de *Prophetea, Apostolia, Martyria, Memoriæ,* etc. Nous pourrions citer plusieurs églises de Paris dont les premiers patrons sont pris dans les anciens diptyques, telles que Saint-Méderic, vulgairement Saint-Merry, et Saint-Sulpice, dont le titre primitif est Saint-Pierre, apôtre; l'ancienne abbaye de

Saint-Germain-des-Prés, celle de Sainte-Geneviève-du-Mont, dont les vocables originaires se sont effacés du langage habituel. Cette préférence, nous n'aurions pas besoin de le dire, tient à la nécessité des temps rapprochés du berceau du christianisme. Dans la succession des siècles, l'Eglise, féconde mère de la sainteté, ayant enfanté de dignes émules de la foi des temps apostoliques, et les vertus de ceux-ci émouvant d'autant plus vivement les populations que ces vertus leur étaient presque contemporaines, la mémoire des anciens titulaires a été, si l'on peut le dire, éclipsée par les mérites récens de leurs généreux imitateurs. C'est donc ainsi que l'antique oratoire de Saint-Jean-l'Évangéliste aurait pris le nom de Saint-Nicolas, soit parce qu'un miracle s'y serait opéré par l'intercession de l'évêque de Myre, soit parce que le pieux Robert, selon le sentiment qui nous paraît très soutenable, aurait bâti une nouvelle chapelle sous l'invocation de saint Nicolas, sur les ruines de l'oratoire de Saint-Jean, saccagé par les dévastateurs de la première abbaye de Saint-Martin-des-Champs.

§ II.

'Origine de la Paroisse et ancienne Église.

Nous avons essayé de jeter quelque jour sur les obscurs antécédens de l'église de Saint-Nicolas-des-Champs, depuis son établissement jusqu'au douzième' siècle. La charte de fondation du prieuré de Saint-Martin par le roi Henri Ier, fils de Robert, ne fait aucune mention de la chapelle de Saint-Nicolas, ni d'aucun oratoire de Saint-Jean qui aurait pu exister près de l'ancienne abbaye détruite sous le règne de ses prédécesseurs. On ne pourrait pas cependant induire de ce silence qu'il n'existait rien de pareil à cette époque ou antérieurement. Le premier document historique sur l'existence de la chapelle Saint-Nicolas est une bulle du pape Calixte III, qui, en novembre 1119, confirme la donation des biens que possède le prieuré de Saint-Martin. On y trouve ces paroles remarquables : *Propè monasterium sancti Martini capellam sancti Nicolai.* Qu'on nous permette de rattacher à ce passage notre thèse favorite, et de faire observer que cela ne prouve nullement que la chapelle de Saint-Nicolas est postérieure au roi Robert; car rien ici n'en démontre l'érection par son fils Henri, ou quelqu'un de ses successeurs. On a dit que cette chapelle avait été bâtie pour procurer les secours religieux aux domestiques et serviteurs du monastère de Saint-Martin, après la fondation de Henri Ier. Mais on semblerait avoir oublié que, long-temps avant le règne de ce prince, il y avait en ce même lieu une abbaye ; du moins on est autorisé à croire que celle dont il est question dans un diplóme de Childebert III, en 710, n'est autre que Saint-Martin-des-Champs. Or on sait bien que les abbayes étaient toujours environnées de terrains dont elles tiraient leur subsistance, et qu'elles faisaient cultiver par des tenanciers qui s'empressaient de s'établir auprès de ces pacifiques retraites. Il leur fallait donc une église ou une chapelle. Maintenant la conséquence n'est pas difficile à déduire.

Les bulles d'Innocent II, en 1142, et d'Eugène III, en 1147, font mention de la chapelle de Saint-Nicolas, dans le territoire de Saint-Martin-des-Champs. Mais jusqu'ici, nous ne pouvons y voir qu'une annexe ou succursale, car les paroisses proprement dites sont désignées sous le nom d'*ecclesia,* église. Cela suppose nécessairement que la cure était attachée à l'église conventuelle. Ce n'est qu'en 1184 que le pape Luce III déchargea par une bulle le prieur et les religieux de Saint-Martin du soin spirituel (*cura*) des populations qui s'étaient agglomérées autour de leur monastère, et leur permit de désigner un prêtre qui devait y exercer les fonctions pastorales, avec l'aide de plusieurs autres. C'est donc à dater de l'an 1184 que la chapelle de Saint-Nicolas porta le nom d'*ecclesia*, et que le vicaire qui la desservait prit le nom de *presbyter ecclesiæ Sancti-Nicolai*, prêtre de l'église Saint-Nicolas. La nomination de ce prêtre, sous le titre de *vicaire-perpétuel*, était déférée de droit aux prieur et religieux de Saint-Martin, qui avaient conservé la qualité de curés primitifs. Mais quel que fût le nom par lequel on désignât le prêtre chargé du soin spirituel du troupeau, Saint-Nicolas-des-Champs était une église paroissiale complètement indépendante de tout autre cure dès la fin du douzième siècle.

En peu de temps, la population de cette paroisse s'accrut de telle manière que la cour du prieuré, qui avait servi de cimetière, ne put suffire à cet usage. D'ailleurs, il y avait indécence, car les animaux qui appartenaient au prieuré, *porci et equi et cœtera animalia*, foulaient habituellement ce champ funèbre, et d'ailleurs encore, les enterremens fréquens troublaient la retraite des religieux. *Gaultier, Valtherius*, prêtre, c'est-à-dire, curé de Saint-Nicolas, *presbyter ecclesiæ Sancti-Nicolai*, demanda à l'évêque de Paris un local plus convenable. Guillaume de Seignelay, qui occupait alors ce siége, fit droit à sa demande par ses lettres du mois de mars 1220. Les religieux de Saint-Martin accordèrent un fonds entouré de maisons, au midi de l'église de Saint-Nicolas, et la bénédiction du nouveau cimetière eut lieu la même année. L'évêque Guillaume voulut la faire en personne au milieu d'un grand concours d'habitans. Bientôt le besoin d'une sacristie se fit sentir. A cette époque, les églises rurales en étaient généralement dépourvues. Le prieuré concéda encore un petit espace de terrain, et en 1233 cette sacristie fut construite.

Quelle était la forme de cette église à l'époque où nous sommes arrivés? Il est absolument impossible d'en dire quelque chose de certain. Nous pensons, du reste, qu'elle n'avait rien de bien remarquable, et l'on partagera notre sentiment si l'on considère que ces édifices religieux n'étaient construits en dehors des cloîtres que pour les serviteurs et les fermiers conventuels; et si l'on admet que le roi Robert avait bâti la chapelle de Saint-Nicolas, cette antiquité ne pourra faire supposer quelque chose de très recommandable sous le rapport architectural.

Charles V, par son édit de 1374, ayant ordonné que les faubourgs fussent regardés comme partie intégrante de la ville, Saint-Nicolas, dont le surnom *des Champs* n'était plus depuis long-temps qu'un souvenir de son ancienne position dans la campagne, devint paroisse de Paris. Mais avant cette époque une partie de la circonscription paroissiale était dans l'intérieur de la ville. Le livre de la taille de l'année 1292 marque, pour la paroisse Saint-Nicolas, les rues qui étaient

« dedenz les murs, » telles que celles « de Symon-
« Franque, de la Plastrière, des Estuves, des Ju-
« gléeurs, de Biau-Bourc, du Temple, de Quiquempoist,
« la rue où l'en cuit les oës, environ la méson Mahi
« l'abé et la rue Saint-Martin. » Le même document
nous donne les noms des rues de la même paroisse
hors des remparts. Les voici : « Les rues de Guarin-
« Boucel, Saint-Martin, Guernier-de-Saint-Ladre, la
« Poterne-Huideron, Michiel-le-Conte, du Temple, de
« Frépillon, aux Graveliers, Chapon, Trace-P....., du
« Cymetire. » Ces rues étaient habitées par 845 paroissiens, contribuables pour la somme de 380 livres
environ. En ce temps, la ville, proprement dite, finis-
sait, du côté du nord, en longeant la rue *Saint-Martin*, à la hauteur de la rue actuelle *Grenier-Saint-
Lazare*, et par conséquent l'église de Saint-Nicolas
était hors des murs.

Mais en 1383, sous Charles VII, une nouvelle enceinte, formée de gros murs, recula cette limite jusqu'au-delà de Saint-Martin-des-Champs ; et à dater de
cette époque, Saint-Nicolas et toute sa paroisse se
trouvèrent dans la ville. C'est alors que ce territoire se
couvrit presque entièrement d'habitations, et que l'ancienne église devint absolument insuffisante. Dans son
judicieux ouvrage sur Paris, l'abbé *Lebeuf* dit qu'il
paraît que vers l'année 1420, le vieux édifice fut démoli, et qu'on en rebâtit un autre. Il ajoute que le

grand portail et le bas de la tour semblent être dé ce
commencement du quinzième siècle, et qu'on mit un
long temps à continuer cette seconde église. *Hurtaut*
ne partage point l'avis de *Lebeuf,* et pense que l'on se
contenta d'agrandir l'ancienne église d'une manière
successive. Nous pensons qne cette augmentation n'a
pu s'effectuer qu'en démolissant les vieilles bâtisses.
Soixante ans s'écoulèrent avant que ce nouveau travail
fût terminé, à partir du grand portail qui est de cette
époque, jusqu'à la septième arcade de la nef, y comprenant les nefs collatérales et les chapelles qui correspondent à chacune des arcades. Ce fut donc en 1480
qu'on cessa d'y travailler. Aucun historien ne parle de
l'abside qui devait exister, à l'orient, en face du grand
portail. *Lebeuf* cite une inscription gothique, attachée
à un pilier du côté de la tour. Elle apprenait que « la
« troisième chapelle dont ce pilier faisait partie avait
« été bâtie des deniers de Robert de Gueuville, con-
« seiller au parlement, et qu'elle fut consacrée, l'an
« 1490, par Etienne, évêque de Séez, en l'honneur
« de sainte Catherine et de sainte Geneviève. »
Postérieurement à cette fin du quinzième siècle,
« l'église de Saint-Nicolas, selon *Lebeuf,* fut élargie;
« en sorte que le lieu où avaient été les chapelles de-
« vint la seconde aile, et les chapelles furent rebâties
« à côté. » Par suite de ce nouvel accroissement, la
chapelle dont nous venons de faire mention fut con-

struite plus loin, dans la direction méridionale, et Charles, évêque de Mégare, en 1535, bénit cette chapelle de Sainte-Catherine et de Sainte-Geneviève, nouvellement restaurée, *de novo instauratam.* On avait préalablement exhumé les corps qui avaient été enterrés dans la chapelle primitive pour les transporter ailleurs. En faisant la description de l'église, nous reviendrons à ce sujet. Une crypte ou voûte souterraine existe sous l'ancienne église. Celle qui règne sous le collatéral gauche est divisée en deux grands caveaux, l'un pour la sépulture des marguilliers, l'autre pour celle des ecclésiastiques de la paroisse. Il était rare, en ces temps, qu'une église de quelque importance fût bâtie sans cryptes. C'était un précieux souvenir des catacombes qui servirent de sépulture aux premiers chrétiens.

L'abside de cette ancienne église, au lieu de s'arrondir en hémicycle, était formée de trois pans et tenait ainsi le milieu entre les chevets carrés et ceux qui sont de figure semi-circulaire. Les exemples de cette forme sont aujourd'hui fort rares. Le point culminant de cette abside ou plutôt chevet était au même endroit que l'entrée actuelle du chœur. Les fondemens des trois murs se trouvent encore immédiatement au-dessous des dalles. Un ancien employé de l'église, duquel nous tenons ce document, a pu s'assurer par ses propres yeux de la direction des murs de cette abside.

§ III.

Agrandissement définitif.

Les additions successives faites à l'église paroissiale de Saint-Nicolas-des-Champs semblaient enfin devoir suffire aux nombreux fidèles qui en peuplaient les abords. L'art chrétien du moyen âge avait présidé à toute son architecture, et ces augmentations avaient été si bien harmonisées entre elles qu'il en était résulté un ensemble régulier, sinon dans les détails, du moins dans l'aspect général. Une grande chapelle se prolon- geant, à gauche du portail, du sud au nord, n'avait point, il est vrai, sa parallèle au côté droit, et seule s'écartait de l'ordonnance symétrique. Mais comme elle n'occupait que le fond, dans toute la largeur de ce bas-côté, ce hors-d'œuvre ne présentait rien de choquant. Enfin, en l'année 1560, le territoire de cette paroisse s'étant couvert d'un grand nombre de nouvelles mai- sons, surtout dans le Marais, les marguilliers, pré- voyant que cette incessante progression rendrait leur église entièrement insuffisante, résolurent de l'agran- dir une bonne fois, de telle sorte qu'on n'eût plus à craindre l'inconvénient d'un édifice trop resserré. Di- sons, en passant, que cette détermination fait l'éloge de ces populations du seizième siècle, qui, aux jours consacrés au Seigneur, se pressaient avec une ardeur toute chrétienne dans les sanctuaires dédiés au vrai Dieu. L'impiété, s'affublant du nom sacré de philosophie qui ne lui convient sous aucun rapport, n'avait point encore enseigné publiquement aux hommes à s'éloigner des pompes du culte extérieur, qui rappellent à la créature faite à l'image de Dieu ses sublimes destinées, élèvent ses facultés intellectuelles et contribuent puissamment à régler les affections de son cœur.

Pour accomplir ce louable projet d'agrandissement, il fallait prendre du terrain dans les possessions de Saint-Martin-des-Champs. La grande porte de ce prieuré, l'auditoire ou tribunal de sa juridiction, la geôle, s'élevaient tout justement derrière l'abside ou chevet de l'ancienne église, et il n'était possible de la prolonger que dans cette direction. Les religieux s'opposèrent au dessein des marguilliers de Saint-Nicolas. Il y eut, à cette occasion, procès devant le Parlement, et cette cour souveraine, par arrêt du 24 juillet 1574, condamna les religieux de Saint-Martin à céder vingt toises (40 mètres) de terrain en longueur et largeur. La paroisse de Saint-Nicolas fut chargée de bâtir à ses dépens une autre porte et une autre geôle du prieuré, du côté de la rue Saint-Martin, et de rembourser, à dire d'experts, la valeur du terrain. Le 31 mars 1575, une transaction fut stipulée entre la paroisse et le prieuré. Celui-ci céda vingt toises, ac-

cepta une somme de sept mille francs pour indemnité
du terroir, et l'abandon que lui firent les marguilliers
d'une petite place de huit toises de longueur sur quatre
de largeur, entourée de bâtimens, sur la rue Saint-
Martin et le long des murs du cloître. Les démolitions,
que rendait indispensables le plan de l'agrandissement
à exécuter, furent faites aux frais du prieuré. Il fut,
dès ce moment, possible d'accomplir les travaux pro-
jetés. On se mit sur-le-champ à l'œuvre.

Aucun des écrivains que nous avons consultés n'a
trouvé un seul mot de blâme ou d'éloge à dire sur
cette dernière augmentation de l'église Saint-Nicolas,
qui est devenue la principale partie de l'édifice, tandis
que l'ancienne n'en parait être que l'accessoire. L'architecte qui dirigea ce travail important nous est in-
connu. En un temps que l'on signalait comme l'heureuse époque de la renaissance des arts, il n'était
guère possible de continuer cette église selon son génie primitif. Les sept arcades ogivales de chaque côté
de la grande nef, ses piliers s'élançant vers la voûte,
d'un seul jet et sans chapiteaux, les colonnettes accouplées dont plusieurs piliers des nefs collatérales étaient
formés, cette ordonnance d'un gothique tout-à-la-fois
élégant et sévère, ne pouvaient plaire à des artistes qui
ne voyaient de beautés architecturales que dans les
pleins-cintres et les ordres gréco-romains. Aussi, l'architecte n'hésita point à souder à cette nef, terminée au

quinzième siècle, une ordonnance qui devait si mal-
heureusement contraster avec elle. La hauteur des
nouvelles arcades à plein-cintre surpassa de plusieurs
pieds l'élévation des ogivales ; les piliers qui supportent les premières reçurent la forme de colonnes ovales
ayant chacune plus de quatre mètres de circuit. La
nouvelle voûte qui repose sur ces piliers fut, il est vrai,
harmonisée avec l'ancienne, et les arêtes entre-croi-
sées de celle-ci assez fidèlement retracées sur la voûte
de la renaissance. Il n'en fut pas de même pour celles
des nefs collatérales voisines de la grande nef, qui reçurent une élévation plus grande que les anciennes.
Les piliers isolés qui portent les doubles collatéraux
modernes furent construits en forme de colonnes comme
ceux de la nef principale, et de cette fusion du style
gothique avec le style dit de la *renaissance*, il ne ré-
sulta pas, comme sans doute on s'y était attendu, un
ensemble flatteur et majestueux, malgré l'étendue et
l'élévation de l'édifice.

Toutefois, soyons justes envers l'auteur de cette
dernière adjonction architectonique à la première église.
Malgré le caractère gréco-romain qu'il avait voulu im-
primer à son œuvre, il avait élevé ses nouveaux piliers-
colonnes sans chapiteaux, et, conformément à ceux de
la partie ancienne, ces piliers montaient sans interrup-
tion jusqu'à la naissance de la voûte. Il n'avait donc
pas complètement abjuré le sentiment des convenances

monumentales. Mais le dix-huitième siècle, parvenu à
l'apogée de l'engouement pour le style de la prétendue
renaissance, voulut y mettre son cachet. On dit que
c'est vers le milieu du règne de Louis XV, époque à
jamais fameuse par une dépravation systématique du
bon goût dans les arts, que le malencontreux *restau-*
rateur coiffa d'un énorme chapiteau tous les piliers de
la partie construite en 1576, et aplatit, en forme de pi-
lastre cannelé, le fût de la colonne engagée, qui mon-
tait jusqu'à la naissance de la voûte. Les gros piliers-
colonnes de la grande nef furent cannelés, leurs socles
arrondis en ovale, et l'on vit des pilastres à chapiteaux
d'ordre composite partir d'un chapiteau d'ordre dorique; le tout, on le dirait, ainsi agencé pour que la
disparate de l'ancien style avec la nouvelle architecture
fût beaucoup plus frappante qu'on n'avait osé le faire
à la fin du seizième siècle.

En 1794, on scia les clefs pendantes qui ornaient
le point de jonction des nervures de la grande voûte
dans toute sa longueur. Une seule, placée au-dessus
du maître-autel, échappa à ce vandalisme. Chaque côté
du cintre des arcades de la renaissance était orné d'un
ange en relief dans la retraite en équerre qui existe du
chapiteau à l'entablement. Le même vandalisme y
porta le ciseau destructeur.

§ IV.

Extérieur de l'Église ancienne et moderne.

Après avoir retracé l'histoire des travaux primitifs et secondaires exécutés dans la construction de l'église de Saint-Nicolas, en ce qui regarde son intérieur, nous devons offrir celle de ses deux portails et de sa tour. Nous retrouvons ici les mêmes phases du génie architectural. Le portail qui s'élève sur la rue Saint-Martin est la partie la plus ancienne de tout l'édifice. Nous croyons ne pas nous tromper en y admirant le style ogival le plus correct du quatorzième siècle. Son aspect général présente un pignon très élevé, qu'accompagnent, à droite et à gauche, deux autres pignons d'une hauteur moins considérable. Celui du milieu est percé d'une grande porte dont le seuil a dix pieds de largeur entre les deux montans. Le contour de sa voussure très ogivale est orné de niches très délicatement fouillées, mais les figures qu'elles reçurent ont tout-à-fait disparu. En dehors de la voussure s'élèvent, de chaque côté, de plus grandes niches, surmontées de dômes ou baldaquins pyramidaux d'une sculpture très élégante, mais aucune figure ou statuette n'y a été conservée. Un rinceau de feuilles de vigne couronne ce portail et affecte la forme d'un arc allongé, dont les flancs sont

rentrans. Le sommet très aigu de cet arc présente un
lion accroupi, tandis qu'à chacune de ces bases on
distingue deux animaux fantastiques qui nous ont sem-
blé un crocodile et un griffon. Une grande croisée, divisée par quatre meneaux qui se terminent par des
trèfles, domine le portail, au centre du pignon. Enfin,
une petite rosace est percée au-dessous de la pointe de
ce pignon, qui se termine par une grande pomme de
pin surchargée de mille ornemens capricieux. Le point
de départ du pignon que nous venons de décrire est
marqué par deux clochetons très sveltes. Deux contre-
forts en arcs-boutans unissent le grand pignon avec ses
collatéraux moins élevés, dont chacun est orné, au
centre, d'une rosace, et dont les bases présentent un
clocheton de moindre dimension. Pour l'observateur
superficiel, tout cet ensemble n'offre rien qui captive
impérieusement l'attention, parce que ce portail est
uniquement riche en beautés de détails; mais, à notre
avis, il n'en est pas moins un des plus intéressans.

La tour campanaire s'élève derrière le pignon droit
ou méridional, et n'a point sa correspondante au côté
gauche. Elle est carrée, à deux étages, dont chacun
est percé sur chaque face de deux grandes baies ogivales. Elle se termine en terrasse bordée d'un parapet,
en forme de balustrade, du même goût que le portail.
Une inscription gravée sur une table de marbre, qui
sert de dalle dans la chapelle de Saint-Vincent-de-Paul,

est ainsi conçue : « En l'année mil six cent soixante-huit ont esté refondues les six cloches qui estoient lors au clocher avecq; augmentation , le beufroy restabli et haussé, etc. » Cet exhaussement de la tour consiste en un pavillon carré qui fut construit sur la terrasse , et dans lequel on avait placé deux autres cloches. Ce pavillon est surmonté d'une croix qui porte un coq. Cet oiseau, suivant les plus anciens liturgistes, représente la vigilance pastorale, la prédication évangélique, etc. L'élévation totale de cette tour est d'environ trente-deux mètres.

Le second portail, placé au centre du bas-côté méridional, est d'une architecture complètement différente de celui que nous avons décrit. Il fait partie de l'agrandissement définitif de l'église. *Lebeuf* fait observer que les connaisseurs admirent les sculptures de cette porte latérale. Laissons parler *Sauval :* « Le portail de la croisée est chargé d'un grand nombre d'ornemens si bien coupés qu'il ne peut pas mieux; il n'y a rien en cette matière de si beau, de si recherché et de si achevé à Paris. La porte de menuiserie du même portail n'est pas d'une moindre beauté. Elle est toute chargée de feuillômes (*sic*), d'oiseaux, de sirènes taillées avec une délicatesse incroyable et merveilleuse, sans embarras ni confusion, et d'une manière fort facile. C'est le chef-d'œuvre de *Colo* et la porte la plus belle et la mieux ordonnancée de

« Paris. » Nous ajouterons que c'est encore ici un portail qu'on ne peut apprécier qu'en l'étudiant. Les montans en sont ornés de quatre pilastres cannelés, que couronnent des chapiteaux corinthiens et portant une magnifique corniche surmontée d'un fronton. L'attique est chargé d'une inscription, en lettres d'or, sur un marbre noir. Elle fait connaître la date de l'agrandissement de l'église au seizième siècle. Nous la donnons ici d'une manière textuelle : ANTERIORE TEMPLI HUJUS PARTE A ROBERTO GALL. REG. 37. D. O. M. D. D. JOANN. EVANGEL. NICOL. IN SUBURB. AD REG. ÆDES CONSTR. IN PARROCH. ERECTA : POSTERIOR HÆC POP. URB. TANDEM INFL. ET SUB. MOD. AUCTO. S. D. EXT. RECEP. ANNO RESTIT. SAL. 1576 SEPT. ID. JUL. HENRICI III GALL. ET POL. REG. 2.

Il est utile d'observer que ce n'est point ici l'inscription ou plutôt le marbre du seizième siècle. Il y a seulement quelques années que, par les soins de M. Frasey, curé de Saint-Nicolas-des-Champs, cette inscription a été reproduite d'après *Du Breul*, qui l'a consignée dans son livre intitulé : *Le Théâtre des antiquitez de Paris*. Ce qui explique pourquoi les chiffres sont arabes au lieu d'être romains, et surtout pourquoi deux fautes trop scrupuleusement copiées dans cet auteur avaient rendu inintelligible le sens de l'inscription. Le marbre porte, d'après *Du Breul*, *inel.* au lieu de *infl.*, et *extrecep.* au lieu de *ext.*

recep. Nous devons faire honneur de cette restitution de texte à un savant et très obligeant membre de l'Académie des inscriptions et belles-lettres, qui nous a défendu de le nommer, et dont nous devons respecter la modestie. Le marbre primitif fut arraché pendant les jours mauvais de 1793, et a disparu.

Voici l'inscription dans son intégrité grammaticale :

Anteriore templi hujus parte à Roberto Galliæ rege 37°, Deo optimo, maximo, Divis Joanni evangelistæ, Nicolao in suburbio ad regias œdes constructâ, in parrochiam erectâ : posterior hæc populo urbicano tandem influente, et suburbio modò aucto, sacris dicundis extrui recœpta, anno restitutæ salutis 1576, septimo idus Julii, Henrici III, Galliæ et Poloniæ regis, secundo.

Nous avons cru devoir en insérer ici une traduction.

« La partie antérieure de ce temple (le grand portail
« et les arcades ogivales) ayant été bâtie par Robert,
« trente-septième roi de France, auprès de sa de-
« meure royale, dans le faubourg, en l'honneur de
« Dieu très bon et très grand, sous l'invocation des
« saints Jean-l'Évangéliste et Nicolas, et ayant été
« érigée en paroisse : comme le peuple de la ville af-
« fluait dans ce quartier, et que le faubourg en peu
« de temps s'était accru, on se mit de nouveau à l'œu-
« vre pour construire cette autre partie, afin d'y célé-
« brer les saints mystères, l'an de grâce 1576, le

« septième jour des ides de juillet, la deuxième année
« du règne de Henri III, roi de France et de Polo-
« gne. »

Comme on voit, ainsi que nous l'avons déjà dit, il
paraissait constant, vers la fin du seizième siècle, que
le roi Robert avait fait édifier l'église de Saint-Nicolas
auprès de son palais, situé, à cette époque, dans les
champs, au nord de Paris.

La porte que nous décrivons a perdu ses deux statues
de saint Jean et de saint Nicolas, qui ornaient les deux
niches pratiquées à droite et à gauche. Nous avons vu
au cabinet des Estampes un dessin qui représente ce
portail; mais nous y avons remarqué une ornementa-
tion qui ne se trouve plus sur l'original. Au point culminant du fronton triangulaire devait exister, d'après
ce dessin, une figure en pierre qui retraçait le Père
éternel tenant le globe du monde surmonté d'une
croix de la main gauche, et bénissant de la main
droite. De chaque côté était un ange jouant d'un instrument. On a travaillé à cette porte encore dans les
premières années du dix-huitième siècle.

De toutes les grandes églises de Paris, dont la plupart sont plus ou moins obstruées par des maisons,
celle-ci est peut-être la plus maltraitée sous ce rapport.
Les massifs de constructions qui l'entourent entièrement, sauf les deux portails, semblent disputer quelques rayons de lumière à ses nefs collatérales. N'en

accusons pas cependant notre siècle positif. Ces bâtimens ambians furent élevés dans le dix-septième. Ajou-
tons même, car il faut être juste, que les églises édi-
fiées depuis le commencement du dix-neuvième siècle
sont placées dans un isolement qui nous rappelle le
respect des anciens âges pour les tabernacles du Dieu
vivant, auxquels on n'aurait point osé adosser un bâtiment profane. Ainsi l'église de Saint-Nicolas-des-
Champs ne présente au dehors aucun aspect monu-
mental, sans en excepter les vingt-cinq grandes et
belles croisées de la nef principale et les arcs-boutans
dont les faîtes des maisons voisines masquent, en majeure partie, l'harmonieux appareil. Le presbytère surtout dérobe aux regards un riche entablement qui part
de la porte latérale, couronne le mur de ce bas-côté,
et se prolonge jusqu'à la tour. Il a la forme d'un ban-
deau semé de feuilles indigènes bien détachées. Quelques baldaquins en dentelle de pierre se font admirer
au-dessous de cet entablement, entre les croisées des
chapelles. Enfin, nous terminerons en faisant observer
que la couverture de toute la partie primitive se compose de tuiles cuites, tandis que la partie moderne est
faite d'ardoises.

CHAPITRE II.

INTÉRIEUR.

§ I.

Description de la grande nef.

En faisant l'histoire des augmentations successives
de cette église, nous sommes nécessairement entré
dans plusieurs détails qui se rattachent à la description
de son intérieur, mais nous n'avons pu en donner
qu'une idée bien imparfaite. Nous devons maintenant
traiter cette partie d'une manière spéciale, non point
avec le parti pris d'avance de louer à tout propos, mais
d'examiner avec impartialité.

Après avoir franchi le portail gothique élevé de plu-

sieurs marches dans l'épaisseur du mur de sa voussure,
on arrive au porche ou tambour qui précède l'entrée
de la nef. Contrairement à l'usage adopté par toutes
les autres églises où ce tambour n'est qu'une précaution contre le froid, celui-ci est un vrai portique d'une
rare magnificence de menuiserie et de sculpture. De
la plus haute des marches dont nous venons de parler
jusqu'au seuil de sa belle et grande porte intérieure,
on compte quatorze pieds métriques sur vingt-quatre
de largeur. Ce portail, il est vrai, est une moitié de la
belle tribune de l'orgue, mais il rappelle aussi qu'autrefois les porches faisaient une partie très importante de
l'église. C'est là qu'avaient lieu les cérémonies qui précèdent le baptème, celles des relevailles après l'enfan-
tement, les pénitences canoniques. On y réunissait les
pauvres pour la distribution des aumônes; on y dépo-
sait les corps avant de leur accorder la sépulture ecclésiastique. Les personnes peu familiarisées avec les
anciens rites apprendront avec suprise qu'on y donnait
aux époux la bénédiction nuptiale. On nous saura gré
de consigner ici la découverte que nous avons faite,
aux archives du royaume, d'un Missel sur parchemin,
écrit au milieu du quatorzième siècle, et qui appartenait à la paroisse de Saint-Nicolas-des-Champs. Le cérémonial du mariage, tel qu'on l'observait en ce temps-
là, y est ainsi indiqué : *Quùm venerint antè valvas
ecclesiæ sponsus et sponsa, veniens sacerdos, albâ,*

stolâ et manipulo ornatus, anulum argenteum su-
prà librum positum benedicit. « Lorsque l'époux et
« l'épouse seront venus *aux portes* de l'église, le
« prêtre, paré d'une aube, de l'étole et du manipule,
« arrive auprès d'eux et bénit l'anneau d'argent posé sur
« son livre. » Après avoir aspergé d'eau bénite et en-
censé les futurs, le prêtre dit : « Bonnes gens, nous
« avons fais les bans iii fois de ces ii gens, et encore
« les faisons-nous. Que se il ia nul ne nulle qui sache
« empeschement par quoy ne puissent avoir l'un l'au-
« tre par la loy de mariage li le die. » Tout le reste
de ce rite est empreint de cette gracieuse naïveté qui
est si loin de nos mœurs. On n'entrait à l'église que
pour y entendre la messe et sceller cette union sacra-
mentelle par la participation au plus saint et au plus
auguste des sacremens. Du reste, comme on pense
bien, ceci n'était point particulier à l'église de Saint-
Nicolas-des-Champs, et le Missel manuscrit ne fait que
retracer le rite observé dans le diocèse.

Du seuil du grand portail jusqu'au rond-point ou
hémicycle de la chapelle de la sainte Vierge, de l'ouest
à l'est, nous comptons dans œuvre quatre-vingt-dix
mètres (270 pieds). Du seuil de la porte latérale, sud, à
la porte aujourd'hui murée, nord, on trouve en largeur trente-six mètres (108 pieds). La voûte principale a une hauteur de près de vingt mètres (58 pieds).
La croisée ou transsept qui existe ordinairement dans.

les grands édifices religieux ne se fait point remarquer dans celui-ci, et l'église de Saint-Nicolas est ainsi privée du pieux symbolisme qu'on attache ordinairement à cette disposition. C'est donc ici la forme des basiliques païennes, et néanmoins on peut, sous un autre rapport, absoudre de cette imitation les temples chrétiens qui la présentent. Il suffit de dire que, selon les constitutions apostoliques, l'église doit ressembler, par un autre symbolisme non moins vénérable, à un vaisseau, ce vaisseau qui est continuellement battu par les vagues de la tempête et qui ne sombre jamais. La largeur de la nef, *navis*, est de huit mètres environ, prise du demi-diamètre de chaque socle de pilier. Vingt-six piliers portent la grande voûte. Douze de ces piliers, dans la partie primitive, sont nécessairement, comme nous l'avons dit, du style roman et gothique. Les quatorze autres sont des colonnes cannelées, ovales, ainsi que leurs socles. Nous croyons qu'il serait difficile de retrouver cette dernière forme dans d'autres édifices. Ces piliers de la renaissance ont été couronnés de chapiteaux doriques, tandis que les primitifs en sont dépourvus ; et c'est ici, nous le répétons, que ce contraste, joint à la disparate que présentent entre elles les arcades en ogive et à plein-cintre, frappe d'une manière fort désagréable les yeux les moins exercés.

Vingt-cinq grands vitraux introduisent le jour dans la nef et ne sont séparés entre eux que par les pilastres qui partent du sommet des piliers. Ceux de la nef ancienne sont divisés par deux meneaux qui se réunissent pour former des trèfles et des losanges. Aucun verre de couleur ne se fait remarquer dans ces grandes et belles fenêtres qui en ont été certainement embellies. Les fenêtres de la partie moderne, dont la base et le sommet sont d'une élévation plus considérable que les premières, sont partagées par trois meneaux qui supportent deux ovoïdes et des losanges. La bordure de ces fenêtres est en verres de couleur appartenant à la dégénération des verrières au dix-septième siècle. La grande croisée du pignon, laquelle domine le grand portail, est tout-à-fait aveuglée par l'orgue.

La tribune intérieure du buffet de celui-ci se fait remarquer par un grand luxe de sculpture sur bois, et n'est pas indigne de son autre face qui regarde le grand portail, et dont les trois côtés forment le porche-tambour dont nous avons parlé. On y admire surtout, au-dessus des petites portes latérales, deux médaillons sur bois représentant les patrons de la paroisse. La boiserie du buffet est richement exécutée, et l'orgue lui-même est d'une grandeur et d'une étendue qui répondent de sa bonté. Il suffit de dire que ce magnifique instrument, *organum*, est de la facture du célèbre *Cliquot*, auquel l'église de Saint-Sulpice est pareillement redevable du sien, un des plus complets de l'Europe. Nous devons signaler ici à la reconnaissance de la religion et des artistes le miracle de la conservation de cet orgue pendant les jours mauvais de la révolution. Il avait été vendu à un marchand d'étain. Bientôt des bras vandales allaient s'abattre sur le superbe buffet, et le fourneau allait métamorphoser en lingots ses tuyaux harmonieux. L'organiste *Desprez,* un des plus habiles de la capitale sut l'arracher à une destruction qui semblait inévitable. Il mit à la disposition des chefs du club maratiste ses talens incontestés pour toucher sur cet instrument les airs chéris de la démagogie et accompagner le chant de la *Marseillaise.* Sa proposition fut acceptée, et l'orgue fut sauvé.

La chaire, qui était très estimée des connaisseurs, n'eut pas le même bonheur. Celle qui la remplace n'est pas à beaucoup près digne de son aînée. Cette chaire, fixée au pilier qui fait la transition de l'ordre ogival au plein-cintre, rachète un peu le fâcheux aspect du brusque changement d'architecture. Son couronnement est toutefois d'un très bon style. Il est dû à M. Frasey, curé, sur le dessin de M. Badenier, architecte, marguillier.

Vis-à-vis de la chaire s'élève un immense banc-d'œuvre en menuiserie, figurant un arc de triomphe, porté sur huit colonnes d'ordre dorique. Il occupe la première arcade à plein-cintre et presque toute la largeur du premier collatéral gauche. Malgré toute la perfection intrinsèque dont il peut être doué, ce banc-

d'œuvre colossal produit un effet très peu gracieux. Il
ne date que de 1806. Sous l'arcade ogivale la plus
rapprochée de celle que nous venons d'indiquer, on
trouve le banc-d'œuvre de la confrérie du Saint-Sacrement, qui, comme le premier, obstrue encore la majeure partie de la première nef collatérale. L'ancien
banc avait pour dossier un ouvrage de serrurerie exécuté par *Lucotte*. Ce beau travail n'existe plus : le
vandalisme révolutionnaire est passé par là, et il n'en
reste pas même un vestige. L'auteur du *Voyage Pit-
toresque* de Paris, le sieur D., en fait un grand éloge
qui ajoute à nos regrets : « Cet ouvrage, dit cet écri-
« vain, prouve à quel point de perfection cet art (de
« la serrurerie) a été porté en France, dans ces der-
« niers temps. »

Une marche peu élevée introduit dans le chœur, à
l'entrée duquel était autrefois un jubé. A la place de
celui-ci, à une époque dont nous donnerons la date, on
sépara le chœur de la nef par un ouvrage de maçon-
nerie figurant des panneaux dont le centre est percé
d'une porte à deux vantaux, en fer. Ceux-ci, d'un très
beau travail de serrurerie, sont ornés d'une croix
grecque à rayons dorés, d'après les dessins de *Boulland*, dont nous avons vu les originaux à la Bibliothèque royale. C'est en 1775 que cette porte d'excellent
goût fut exécutée. Les six premières stalles du chœur
sont adossées, trois de chaque côté, à la menuiserie

latérale de cette grille mobile. Une double et longue rangée de stalles s'étend jusqu'au sanctuaire, au nombre de soixante, y compris les six dont nous venons de parler.

Quatre marches, légèrement semi-circulaires, conduisent à celui-ci et se prolongent sur toute la largeur du chœur, qui est la même que celle de toute la nef. Une distance de huit pieds métriques nous sépare des trois degrés du maître-autel. Ici notre tâche, qui serait facile pour toute autre église de Paris, exige une description dont on ne peut s'acquitter d'une manière complètement satisfaisante et sans blesser, peut-être, des susceptibilités.

Dans les églises où, comme dans celle dont nous nous occupons, les piliers et les arcades partent en droite ligne du grand portail pour s'arrondir en hémicycle à l'abside ou chevet, le maître-autel est simplement la table du Saint-Sacrifice, supportant des gradins ornés du tabernacle, surmonté de la croix et des chandeliers qui l'accompagnent. Là, le maître-autel est placé, ou sous l'arceau central de l'abside, comme à Saint-Eustache, Saint-Gervais, etc., ou à l'entrée même du chœur, comme à Saint-Sulpice, Saint-Germain-des-Prés, etc.; et dans ces dernières, c'est ce qu'on nomme l'*autel à la romaine*. A Saint-Nicolas-des-Champs, ce n'est ni l'une ni l'autre de ces dispositions. A la distance de six mètres de l'extrémité orien-

tale de l'abside, s'élève, sur toute la largeur du chœur
et à plus de onze mètres de hauteur, un grand retable
à deux faces, dont l'une regarde le grand portail et
l'autre le chevet. Avant de passer outre, nous laisse-
rons parler *Piganiol de la Force*, dans sa *Description de Paris :* « Le grand autel est d'une ordon-
« nance belle et ingénieuse, et consiste en deux or-
« dres d'architecture. Dans le milieu du premier est un
« tableau où l'on voit les apôtres, dont les uns regar-
« dent et fouillent dans le tombeau de la Vierge, pen-
« dant que d'autres, avec des regards empressés, cher-
« chent son corps autour du tombeau, et que d'autres
« enfin lèvent les yeux au ciel pour voir s'ils ne l'a-
« percevront point dans les airs. Les uns sont pénétrés
« de douleur de l'avoir perdue, et d'autres sont ravis
« de joie de la voir monter au ciel. Dans le second
« ordre est un autre tableau où l'on voit la Vierge qui
« monte au ciel et qui est environnée d'une gloire
« d'anges. Deux anges de stuc, placés aux deux ex-
« trémités de la première corniche, semblent, par
« leurs attitudes, avertir les apôtres de l'assomption de
« la Vierge. Sur le fronton du second ordre d'architec-
« ture sont deux autres anges qui tiennent en main une
« couronne, et qui paraissent dans une impatience infi-
« nie de la lui mettre sur la tête. Ce tableau est de Si-
« mon Vouet, et un des plus beaux qu'il ait jamais faits.
« Quant aux anges, ils sont de Sarrazin, et dignes de

« la réputation qu'il s'est faite par ses ouvrages. »

L'écrivain que nous venons de citer ne donne de cette face qu'une idée bien imparfaite. Nous ajouterons donc que le premier ordre d'architecture est composé de quatre colonnes de marbre noir soutenant un riche entablement, au-dessus duquel s'élève le second ordre formé de pilastres, mais se rétrécissant par ses deux montans à console renversée, pour se terminer par un fronton triangulaire, dominé par une croix rayonnante. L'autel est placé au centre du premier ordre, et entre les deux colonnes qui accompagnent l'autel, de chaque côté, est percée une haute porte faisant communiquer entre eux les deux sanctuaires. Les deux tableaux de *Vouet* sont placés, le premier entre les colonnes corinthiennes derrière le tabernacle, et le second entre les pilastres supérieurs. Enfin, chacune des deux portes latérales offre, au-dessus de son linteau décoré de feuilles de palmier, un tableau représentant les deux patrons. Ceux-ci, à leur tour, comme les anges, considèrent la sainte Vierge montant au ciel. Ces deux tableaux sont de *Robin*, censeur royal et peintre du roi. Toute cette ordonnance tend à consacrer l'alliance de la peinture avec la statuaire et la sculpture. La table de l'autel est un tombeau antique de marbre blanc, décoré de bronzes dorés, ainsi que le tabernacle. Douze chandeliers et une belle croix de cuivre dorés, d'or moulu, de très bon goût, ornent ses gradins de marbre blanc. Une particularité peu importante, il est vrai, doit encore ici trouver sa place. Chacune des quatre colonnes porte sur la frise qui surmonte le chapiteau une inscription. En commençant par le côté gauche, sur la première colonne est écrit le mot CRE-DITE; sur la deuxième, TIMETE; sur la troisième, SPERATE; sur la quatrième, ADORATE : croyez, craignez, espérez, adorez. Ces inscriptions ont été dorées primitivement. Aujourd'hui, elles sont presque imperceptibles.

La seconde face de ce grand retable isolé imite la première, si ce n'est qu'au lieu de colonnes supportant l'attique, ce sont ici des pilastres cannelés. Au-dessus des portes latérales sont deux médaillons sculptés en grand relief, figurant encore les deux saints patrons. Au centre, on avait placé autrefois un tableau de saint Charles communiant les pestiférés de Milan, qui avait été peint par *Godefroy,* spécialement pour cet autel. L'architecture réelle s'y trouvait mariée, avec beaucoup d'art, à l'architecture peinte, et ici, comme sur la face principale du retable, la peinture et la sculpture s'unissaient. Au second ordre, est un tableau représentant le Père éternel, par *Godefroy,* dont on a ainsi séparé les deux estimables compositions pour placer son tableau de saint Charles dans une chapelle où il perd beaucoup de son mérite. Une Cène, de médiocre facture, occupe aujourd'hui le centre de ce retable. Un autel, en marbre feint, orné d'un tabernacle dont la porte en bronze doré est remarquable, sert aux messes quotidiennes. Entre les trois arcades qui forment le rond-point de l'abside, sont fixées des balustrades en pierre à hauteur d'appui pour la communion, dont cet autel et ce deuxième sanctuaire portent le nom.

Nous ne saurions préciser la date de l'érection de ce retable à double face. Mais quant à la décoration de la façade principale, il suffira de faire observer que *Simon Vouet* est mort en 1649, et *Sarrazin* en 1660. La seconde façade fut restaurée à neuf en 1775, sur les dessins de *Boulland* et d'*Antoine*.

D'après la description de ce double sanctuaire et de son grand retable à deux faces, on peut se faire une idée du luxe artistique qu'on y a déployé. Les noms de *Vouet*, de *Sarrazin*, de *Godefroy*, de *Robin*, d'*Antoine*, de *Boulland*, y sont inscrits par les œuvres de leur génie; mais toute cette ordonnance, si correcte, si bien harmonisée dans toutes ses parties, produit-elle un effet tout à la fois grandiose et gracieux? En d'autres termes, ce précieux monument est-il à sa place? Ne masque-t-il pas l'abside, que l'architecte de la renaissance a fait s'arrondir à l'extrémité orientale de sa longue nef? Ne serait-il pas mille fois mieux placé dans une église à chevet carré, en sacrifiant une de ses deux faces? Il n'est pas nécessaire, pour répondre à ces questions, d'être artiste : il suffit de posséder le sentiment d'harmonie monumentale, qui est inné à l'œil de tout observateur. Or, on répondra, sans hésiter, que cette haute et large fabrique n'est point à sa place, et qu'un maître-autel sans retable, digne de la grandeur de l'église, laissant dans tout leur jour les trois grandes arcades absidales, serait d'un aspect infiniment plus noble et plus flatteur.

§ II.

Nefs col atérales.

Une ceinture de piliers isolés entoure complètement ceux qui supportent la grande voûte ; et, par cette disposition, quatre nefs collatérales se prolongent de l'ouest à l'est, deux de chaque côté de la nef principale. Peu d'églises de Paris, et même de cathédrales en France, possèdent les cinq nefs. Il est inutile de répéter ici ce que nous avons dit au sujet de la disparate qui résulte des deux styles. Les colonnes ou piliers de la renaissance sont d'une forme entièrement ronde et sans cannelures. On se rappelle que les gros piliers-colonnes de la grande nef sont ovales et cannelés. Les piliers de la partie primitive sont pour la plupart formés de colonnettes groupées autour de leur noyau, et quelques uns, surtout dans les nefs méridionales, sont ornés de chapiteaux très délicatement sculptés. Mais

leurs bases n'ont pu échapper au marteau des *restau-*
rateurs, qui en ont fait, tant bien que mal, des socles
carrés, sans compter ceux dont on a haché le fût pour
en effacer les colonnettes et leur donner une forme
massive. Une singularité, relative au nombre des piliers
de cette église, doit être ici consignée. Nous la remar-
quons dans le soin qu'on a pris de graver en chiffres
romains, sur chacun, son numéro d'ordre, en sorte que
le dernier pilier inscrit porte le chiffre XCVIII. Il est
vrai qu'on a compris, dans ce nombre 98, les piliers
engagés qui se trouvent à l'entrée des chapelles.

Ce ne sera point sans intérêt pour l'art chrétien que
nous dirons un mot sur un autre genre d'ornementa-
tion, qui fort heureusement a disparu. Ce sont deux
autels jadis adossés au troisième pilier de l'un et l'autre
côté de la nef, à partir de la grande porte. S'il nous
est permis de nous citer, nous dirons que dans le cours
de nos *Lettres sur l'Archéologie chrétienne,* publiées
par l'*Univers,* nous avons démontré, en remontant aux
origines, qui sont trop rarement consultées, que tout
autel suppose un sanctuaire, oratoire, ou chapelle, et
nous avons improuvé les autels que les églises de Saint-
Merri, de Saint-Gervais, etc., ont vu s'adosser aux
piliers de leur croisée, en dehors des chapelles am-
biantes. Convenons avec douleur qu'on néglige trop
souvent de remonter aux sources liturgiques, et qu'on
s'expose ainsi à des anomalies dans les choses qui de-

mandent l'union de la science au zèle. Nous pensons néanmoins, en ce qui regarde l'église de Saint-Nicolas, que, par suite des augmentations qui y avaient été faites pendant le quinzième siècle, on s'était vu forcé de supprimer des chapelles qui s'étaient changées en nefs collatérales, mais que l'on avait tâché de conserver les autels en les disposant comme nous avons dit. Ce religieux souvenir justifierait peut-être la superfétation que nous blâmons. Ces deux autels portaient le vocable des apôtres saint Pierre et saint Paul.

Un des piliers-colonnes de ces nefs collatérales se fait remarquer par sa position centrale vis-à-vis le milieu de l'arcade du rond-point de l'abside. Cette disposition donne au pourtour de la grande nef un arceau de plus qu'à cette dernière. On voyait, avant 93, sur le côté de ce pilier qui regarde la chapelle de la sainte Vierge, un petit monument en marbre, composé d'un génie, tenant en main un médaillon de la femme de *Laurent Magnier*. Celui-ci l'avait élevé à la mémoire de sa femme, de son fils, de sa fille et de la sienne. Le tombeau du chancelier d'Aligre, dans l'église de Saint-Germain-l'Auxerrois, est l'œuvre de *Laurent Magnier*. Le pilier dont nous parlons rompt, il est vrai, d'une manière fâcheuse la perspective de la chapelle de la sainte Vierge, dont, en se plaçant sous l'arcade de l'abside, on ne peut voir que les deux murs latéraux. Mais, sous le rapport architectural, ce pilier n'est pas sans mérite, car il semble placé là comme le pivot sur lequel viennent enfin s'asseoir et se fixer toutes les ramifications et les nervures des nefs collatérales.

Il ne nous semble pas invraisemblable qu'à cause de ce pilier on ait élevé à la même hauteur que les arcades le retable du maître-autel, pour éviter cette fâcheuse perspective. Ainsi, à Notre-Dame, on a muré l'arcade extrême de l'abside, afin de ne pas laisser apercevoir un pilier analogue. A Saint-Séverin, peut-être dans le même but, l'on a placé dans la même arcade la demi-coupole qui sert de retable à l'autel principal et qui voile le pilier central placé comme celui de Saint-Nicolas-des-Champs. Nous préférerions, pour cette dernière, l'intelligente précaution de Saint-Séverin, s'il est vrai que ce soit là le but qu'on s'était proposé.

§ III.

Chapelles.

Avant d'entreprendre la description des nombreuses chapelles qui sont pratiquées vis-à-vis des arcades des nefs, nous devons parler de celles qui sont adossées aux deux pignons latéraux qui accompagnent le grand portail. Dans la plupart des églises à bas-côtés, chacun de ces pignons est percé d'une porte secondaire. Ici, à leur place, ce sont comme des prolongemens de *l'atrium* ou porche, et imitant assez bien la partie des anciennes églises nommée le *narthex* ou *avant-nef.* La partie droite de ce *narthex,* composée de deux travées qui correspondent aux deux collatéraux, présente deux chapelles sans autel, dont la plus voisine du portail est le baptistère de la paroisse. Il est éclairé par une grande fenêtre ogivale à deux meneaux comme toutes les primitives. La seconde est en partie murée et sert, en partie, de baie à la petite porte extérieure percée dans la retraite que laisse le clocher entre son premier étage et l'angle méridional de ce pignon. Le cadran de l'horloge est placé au-dessus de cette porte.

La partie gauche de ce *narthex* présente du côté de l'église trois arcades, et vis-à-vis de celles-ci trois fenêtres pareilles à celles de droite. Ici, c'est une vaste chapelle ayant plus de treize mètres de longueur sur six de largeur : elle est par conséquent dirigée du sud au nord. Cette chapelle, qui a porté pendant plusieurs siècles le vocable de saint Nicolas, est indubitablement le berceau de la paroisse. Sur le sol où elle s'élève fut bâti le premier oratoire de saint Jean l'Évangéliste, qui fut placé, plus tard, sous l'invocation de saint Nicolas. L'autel et le grand retable à colonnes, dans le goût prétentieux et guindé de la régence, décoraient autrefois le chœur du chapitre collégial de Saint-Benoît, rue Saint-Jacques. On ne remarque pas assez le tableau

représentant Jésus-Christ qui accueille et bénit des enfans. Ce tableau a été peint, en 1775, par *Noël Hallé*,
fils de *Claude Guy* et petit-fils de *Daniel Hallé*, tous
peintres distingués.

Les chapelles qui sont.ménagées dans tout le pourtour de la nef et du chœur doivent être maintenant
décrites, en y joignant la partie historique qui s'y
rattache, lorsqu'il y a lieu. Nous commençons par
la droite, en montant jusqu'à la chapelle de la sainte
Vierge, et en descendant jusqu'à l'ancienne chapelle
de Saint-Nicolas dont nous venons de parler.

I. — Cette chapelle est close d'une grande porte pleine,
à deux battans. Deux fenêtres ogivales y introduisent
le jour, l'un à l'ouest, l'autre au sud. A la place de
l'autel, est appliquée contre le mur une superbe table
de marbre noir, ayant trois mètres de hauteur sur plus
de deux de largeur. Une inscription, en lettres d'or,
contient un extrait du registre des délibérations de
l'œuvre de Saint-Nicolas-des-Champs, du 31 octobre
1782. Elle constate que les sept cloches de cette église
ont été refondues par MM. *Desprez* père et fils, fon-
deurs du roi, avec augmentation d'une huitième. Le
mardi 21 janvier 1783, les cloches furent bénites solen-
nellement par messire *Jean-Étienne Parent*, curé de
cette paroisse. On y a soigneusement désigné les par-
rains et marraines, ainsi que les noms imposés aux
cloches. Aujourd'hui, la tour qui est située au-dessus

de cette chapelle est veuve de la moitié de cette belle
sonnerie, et ne compte plus que quatre cloches. Nous
n'avons pas besoin de dire que les huit anciennes dis-
parurent dans le gouffre révolutionnaire. Le marbre
seul fut conservé pour recevoir une inscription accessoire ainsi conçue : « Cette église a été restaurée de
« 1823 à 1829 par les soins de M. le comte de Chabrol
« de Volvic, préfet de la Seine ; de M. Frasey, curé,
« bachelier en théologie de l'ancienne Faculté de Pa-
« ris, et de MM. Bourgoin, Thiébaut, Pernot, Deha-
« rambure, Guibert, de la Lande, Flahaut, Carré,
« Masson, marguilliers en charge ; Rollin, A. P. Vi-
« gnon, Regnoust, de Montblanc, anciens marguil-
« liers. »

Dans le mur méridional de cette chapelle est percée
une porte qui conduit au grand charnier. C'est ici, à
la lettre, une petite église, avec ses trois nefs. Elle est
presque carrée et a plus de treize mètres de longueur
sur douze de largeur. Six piliers isolés et quatorze engagés soutiennent ses voûtes à nervures, qui ne s'élèvent qu'à quatre mètres. Un autel, orné d'une statue
de saint Joseph, est placé vers son extrémité méridionale. Cet édifice est en dehors du plan de l'église et s'é-
tend le long de la rue Saint-Martin, sur laquelle sont
percées quatre fenêtres. Nous présumons qu'il ne remonte guère au-delà du quinzième siècle. La nef du
milieu, environnée de toutes parts par les nefs latéra-

les, était, il n'y a pas encore long-temps, dépourvue de couverture. Nous croyons qu'il est utile d'insérer ici un éclaircissement sur les charniers.

Le seul nom qu'on leur donne en indique la destination originaire. Il suffit de se souvenir qu'anciennement tous les cimetières étaient autour de l'église, et qu'on regardait comme une profanation de laisser errer sur le sol les ossemens extraits des fosses : pour l'empêcher, on ménageait tout auprès un local où ces ossemens étaient déposés. On ne peut trop louer le respect de ces temps de sincère et ardente foi pour des restes qui, selon le dogme catholique, après avoir été, par le Baptême et surtout par l'Eucharistie, les temples vivans du Saint-Esprit et les tabernacles du Dieu fait homme, étaient destinés à reprendre vie. On y envisageait surtout cette dernière croyance, qui a fait donner au champ de repos le nom de *cimetière*, c'est-à-dire *dortoir*, et qui fait chanter par l'Eglise ces paroles si bien choisies, dans la cérémonie des obsèques : *Qui dormiunt in terræ pulvere evigilabunt ;* « ceux qui dorment dans « la poussière de la terre s'éveilleront. » Durand de Mende dit qu'on enterrait aussi dans ces charniers, *in voltis ecclesiæ exteriùs adhærentibus,* « dans des « voûtes extérieurement adhérentes à l'église. » Il y avait donc trois degrés de sépulture chrétienne : 1° l'intérieur de l'église, 2° le charnier, 3° le cimetière.

II. — Cette chapelle est close pour servir de vestiaire

aux chantres. Sur un de ses piliers engagés est placé,
le long du collatéral, l'écusson de *Robert de Gueu-*
ville, fondateur de l'ancienne chapelle de Sainte-Geneviève, dont ce pilier faisait partie. On remarque à la
naissance des nervures de sa voûte des anges accrou-
pis, portant dans leurs mains des légendes. Chaque
chapelle a sa fenêtre de l'époque. Nous n'ajouterons
donc pas cette remarque à chaque description spéciale.

III. — Chapelle close comme la précédente. Le grand
dais processionnel y est déposé, ainsi que le candélabre
pascal, en cuivre battu, et qui a près de trois mètres
de hauteur. Nous croyons devoir rattacher à la destination du dais, dont les quatre courtines sont d'une extrême richesse de broderie d'or, ce que nous lisons
dans l'*Almanach du voyageur à Paris, en* 1784.
Thiéry, son auteur, s'y exprime ainsi : « Les proces-
« sions de la Fête-Dieu les plus remarquables sont
« celles de Saint-Sulpice, de Saint-Eustache, de Saint-
« Nicolas-des-Champs, de Saint-Germain-l'Auxerrois,
« et celle des Invalides. »

IV. — Chapelle des Ames du purgatoire. L'autel et
son retable offrent une décoration funèbre de très bon
goût. Le tableau de cet autel représente, sur une toile
de grande dimension, les âmes délivrées et emmenées
au ciel par des anges. C'est la copie d'un tableau qui est
dans l'église de Saint-Gervais. M. Frasey, curé, en a

fait don à sa paroisse, après avoir fait restaurer en même temps, à ses frais, cette chapelle. Sur le mur opposé est un grand tableau de *Rouget,* qui l'a peint en 1824. Jésus-Christ y est représenté, au jardin des Olives, fortifié par un ange.

V. — Chapelle des Agonisans. Une grande toile, peinte par *Coutaut* en 1827, y retrace Jésus-Christ portant sa croix, et parlant aux femmes de Jérusalem qui le suivent. En face, est un petit tableau fort curieux, représentant, au centre, dans une sorte de médaillon, Notre-Seigneur couronné d'épines et baffoué par les soldats; au-dessus et aux côtés du médaillon, une vigne sauvage et des buissons épineux, et dans la partie inférieure des roses épanouies. N'est-ce point la traduction peinte du passage : ... *Expectavi ut faceret uvas et fecit labruscas...* « J'espérais que ma vigne produirait « des raisins, et elle n'a produit que des fruits amers « et des ronces ?... »

VI. — Un mur, percé d'une porte qui conduit de l'église au presbytère, ferme entièrement cette chapelle. Avant l'augmentation définitive de l'église, au seizième siècle, c'était la sacristie. C'est donc ici le point de la transition du gothique au style de la renaissance. Jusqu'à cette chapelle, celles qui précèdent sont ogivales. et leurs deux faces pleines se rétrécissent en ogives, ainsi que l'arcade, pour aboutir à une voûte à nervures entrecroisées. A partir de celle-ci jusqu'au point septentrional correspondant, les voûtes des chapelles sont en plein-cintre, ainsi que leurs fenêtres.

VII. — Chapelle de Sainte-Geneviève. Ce vocable y fut transféré quand on élargit les bas-côtés, ainsi que nous l'avons dit plus haut. Le titre de Sainte-Catherine, vierge et martyre, y fut en même temps uni au premier, en souvenir de sa chapelle, qui était devenue partie intégrante de la nef collatérale. Un joli tableau de sainte Geneviève, gardant son troupeau, en décore le retable. Il est à désirer qu'un second tableau représentant sainte Catherine y soit placé vis-à-vis de l'autel, au lieu d'une petite toile qui représente Notre-Seigneur sur la croix, environné d'anges.

VIII. — Celle-ci est occupée par le tambour de la belle porte méridionale, dont nous avons donné une ample description.

IX. — Chapelle Saint-Nicolas. Le retable de son autel est orné d'un tableau assez estimé, où ce saint patron est figuré en habits pontificaux. En face, la résurrection de Lazare est largement et savamment peinte par *Souchon*. Ce tableau a eu les honneurs de l'exposition au salon de 1827.

X. — Cette chapelle porte le nom des *Reliques*. On voit en effet sur son tabernacle une belle châsse en bronze doré et argenté surmontée d'une croix. Ce reliquaire provient du couvent des chartreux de Paris; il renferme le chef de sainte Hilarie, d'après l'inscription collée sur le crâne ; un os de saint Verecundus, martyr, et un fragment du crâne de saint Adrien , frère de sainte Avoye. On trouve plusieurs saintes du nom d'*Hilarie* dans le Martyrologe universel. Un tableau fort ancien , représentant la *Circoncision de Notre-Seigneur,* orne le retable de cette chapelle. Il y a quelques années qu'au moyen d'un procédé fort ingénieux, toute cette peinture , où l'on voit figurer un grand nombre de personnages , a été remise sur une toile neuve, la première tombant de vétusté.

XI. — Le vestibule de la grande sacristie absorbe entièrement cette chapelle. A la place où serait le retable de l'autel, au-dessus des boiseries , on remarque un tableau dont la largeur est supérieure à la hauteur : c'est un sacre d'évêque très bien exécuté ; on veut y reconnaître celui de saint Augustin , malgré l'anachronisme des mitres et des costumes des personnages qui accusent le commencement du dix-septième siècle. La sacristie, outre la richesse de ses ornemens , vases sacrés , etc., que nous ne pouvons pas avoir le dessein de décrire , ne présente rien de remarquable, à l'exception, peut-être , de deux grands reliquaires qui proviennent encore, dit-on, des chartreux , et de deux ou trois petits tableaux qui ne méritent pas mention.

XII. — Chapelle Sainte-Anne. Le retable de son autel est orné d'une belle statue de la sainte. Vis-à-vis est un des plus remarquables tableaux de l'église ; *Dassy* le peignit à Rome en 1829. Sainte Anne y est représentée instruisant la sainte Vierge. Cette grande toile est digne de la réputation de son auteur.

XIII. — On ne voit point ici d'autel ; c'était le vestibule intérieur de la petite porte de communication avec la communauté des prêtres de Saint-Nicolas. Mais au lieu du retable, les amateurs de la bonne peinture pourront admirer un grand tableau d'un peintre ancien représentant un trait de l'histoire de France. La partie supérieure du tableau offre l'image de la sainte Vierge tenant dans ses bras son divin enfant ; à droite du spectateur, on voit à genoux un roi de France revêtu de ses habits royaux, tenant le sceptre surmonté d'une figure de saint Charlemagne ; derrière lui un officier, debout, porte l'étendard, et à côté de lui un seigneur qui a la tête découverte ; à gauche et vis-à-vis du roi, un évêque à genoux ; derrière le prélat, un religieux se tient debout dans une attitude respectueuse, et enfin, derrière lui, encore un seigneur pareillement découvert. Chacune de ces figures est dessinée d'une main ferme et intelligente.

Nous voyons dans ce prince Philippe II, dit Auguste, qui, après la bataille de Bouvines, en 1214, fit vœu de bâtir une abbaye sous le nom de Notre-Dame de la Victoire, près de Senlis, pour en rendre grâces à Dieu et à la sainte Vierge. L'évêque est le fameux *Philippe de Dreux*, qui occupait alors le siége de Beauvais, et qui, comme l'on sait, paya de sa personne à Bouvines. Le moine est *Guérin*, religieux profès de Saint-Jean de Jérusalem, qui contribua beaucoup au succès de cette fameuse journée en plaçant les troupes dans une position avantageuse; il était élu évêque de Senlis. Les deux seigneurs sont *Matthieu de Montmorency* et le comte de *Beaumont*, qui se distinguèrent dans cette bataille.

XIV. — Chapelle dite de la Sainte-Famille, à cause du tableau de son autel. En face est un tableau de médiocre grandeur comme le premier; il représente Jésus-Christ le bon pasteur.

XV. — Un tableau de saint Bruno, fondateur de l'ordre des chartreux, enlevé au ciel par des anges, figure sur son retable et donne à cette chapelle le vocable de ce grand saint. Sur le mur opposé est un charmant tableau de médiocre grandeur où sont figurés des chartreux dans le désert, occupés de diverses manières.

XVI. — Chapelle de Saint-Martin. Le retable de l'autel est décoré d'un tableau qui retrace le miracle de la guérison d'un lépreux au moment où ce grand évêque de Tours était sur le point d'entrer à Paris. On croit, et une inscription placée sur la boiserie du mur opposé apprend qu'au même endroit où le miracle fut opéré, le roi Henri Ier fit bâtir la célèbre abbaye de Saint-Martin-des-Champs, changée ensuite en prieuré royal, comme nous le dirons en son lieu. Au-dessus de l'inscription est un second tableau représentant Henri au moment où ce prince fonde cette abbaye. Nous dirons toutefois que nous ne plaçons pas sur le sol où est aujourd'hui Saint-Martin-des-Champs l'événement de la guérison du lépreux, mais bien à l'endroit même où est l'horloge du Palais, contre le pont au Change. C'est en ce lieu que se trouvait, au cinquième siècle, la porte septentrionale de Paris où le miracle fut opéré.

XVII. — Nous voici parvenus à l'extrémité orientale de l'édifice. C'est d'ordinaire en cet endroit que se place la chapelle de la sainte Vierge comme « un dernier refuge de la prière que la tendre piété de nos pères a toujours réservé au point culminant de l'Église (1). »

Lorsqu'à la fin du seizième siècle on construisit toute cette partie, l'édicule du chevet des collatéraux n'ayant pas plus de profondeur que les autres et se trouvant plus étroit, il en résultait une chapelle bien mesquine. Plusieurs années après cette époque, la grande confrérie de *Notre-Dame de la Miséricorde* ayant choisi cette chapelle pour ses réunions, on fut obligé de l'agrandir d'une travée qui prit la forme d'une abside et interrompit, au pourtour extérieur, la ligne semi-circulaire. Il est à regretter que l'on n'ait pas pu l'allonger d'une seconde travée ; mais si l'on se reporte à ce que nous avons dit au paragraphe ɪɪɪ du chapitre Iᵉʳ, on

(1) M. le comte de Montalembert, dans son livre intitulé : *Du Vandalisme et du Catholicisme dans l'art.*

verra qu'il y avait de grandes difficultés. Cette chapelle est éclairée par quatre fenêtres, dont deux ont été aux trois quarts aveuglées par une *restauration* récente. Les nervures de cette petite voûte sont entrecroisées. La travée absidale est remarquable par sa clef circulaire évidée, à laquelle viennent se rendre les nervures qui rayonnent de leurs bases, et se partagent en plusieurs ramifications transversales.

Le bel autel de marbre blanc de cette chapelle est surmonté d'une statue pareillement en marbre blanc, d'une proportion plus forte que nature, représentant la sainte Vierge tenant l'enfant Jésus dont les pieds reposent sur le globe du monde. Cette statue fait honneur au ciseau de *Delaistre ;* elle porte, avec le nom de l'auteur, la date de 1817. Deux tableaux placés sur les murs latéraux représentent, celui de droite un Repos en Égypte par *Caminade,* celui de gauche une *Nativité de Notre-Seigneur ;* on pense qu'elle a appartenu aux Carmélites de la rue *Chapon.*

Avant l'embellissement peu estimable exécuté en 1817, le tableau du retable était orné d'une Descente de croix par *Sébastien Bourdon.* Ce tableau, que le seul nom de son célèbre auteur recommande suffisamment, avait été peint exprès pour cette chapelle, qui était celle de la confrérie anciennement fort nombreuse sous le susdit titre de *Notre-Dame de la Miséricorde.* Les confrères faisaient vœu de se consacrer aux œuvres de soulagement envers les pauvres malades de la paroisse. La statue de *Delaistre* a détrôné le tableau de *Bourdon*. Nous laissons à de plus habiles le soin de prononcer un jugement d'artistes ; mais nous réclamons le droit de déplorer la déchéance de cette confrérie si méritoire et du sanctuaire qu'elle s'était choisi, sous l'auguste patronage de la *Mère de miséricorde*.

XVIII. — En redescendant vers le point opposé à celui de notre départ, nous trouvons une chapelle qui sert de vestibule à la petite sacristie. Celle-ci est bâtie comme la grande, hors du p¹an de l'édifice, dans un terrain où l'on a le projet de construire une vaste sacristie. La place de ce *secretarium* sera une dérogation à la règle assez généralement suivie de bâtir les sacristies du côté de l'Épître ; mais les convenances liturgiques sont quelquefois forcées de subir l'exigence des nécessités matérielles. Une salle de mariages au-dessus de ce bâtiment serait d'une grande utilité et d'une facile exécution.

XIX. — Chapelle de Sainte-Cécile. Une statue de la sainte décore le retable de son autel. Nous devons placer ici un document important que nous avons extrait de l'abbé *Lebeuf*, dont l'*Histoire du diocèse de Paris* mérite beaucoup de confiance. On conservait dans cette chapelle, selon l'auteur que nous citons, une relique dite *le chef de sainte Cécile*. Les religieux de Saint-Martin-des-Champs en avaient fait don à l'église de Saint-Nicolas, et tous les ans, le 22 novembre, on apportait en procession cette relique à l'église de Saint-Martin ; mais on avait soin d'avertir les fidèles que ce n'était pas le *chef* de sainte Cécile martyre, que les musiciens prennent pour leur patronne et dont il est fait mention dans le canon de la messe, mais celui d'une des compagnes de sainte Ursule, spécialement vénérée à Cologne. Il est certain, en effet, que ce *chef* avait été apporté de cette ville au prieuré de Saint-Martin-des-Champs qui en avait enrichi cette église, une de ses filles.

En face de l'autel est un *Ecce homo;* ce petit tableau n'est pas sans mérite. Cette chapelle portait anciennement le vocable de Saint-Antoine.

XX. — C'est dans celle-ci qu'a été placée la belle Descente de croix de *Sébastien Bourdon*. A cause du tableau, la chapelle porte le vocable de la *Compassion de la sainte Vierge* ou de *Notre-Dame-de-Pitié.* Vis-à-vis est un assez grand tableau peint en grisaille, sur lequel on voit saint Nicolas venant au secours de pauvres marins que les flots menacent d'engloutir. Cette peinture traduit les strophes suivantes de la prose du saint patron de cette église ; nous les avons prises du Missel du quatorzième siècle, qu'il nous a été permis, comme nous l'avons dit, de consulter aux Archives du royaume. Nous croyons ne devoir rien changer à l'orthographe latine du manuscrit :

Quidam naute nauigantes
Et contra fluctuum seuitiam luctantes
Naui pene dissoluta
Jam de uita desperantes
In tanto positi periclo clamantes
Uoce dicunt omnes una
O beate Nicholae
Trahe nos ad portum maris
Tu qui tot auxiliaris
Pietatis gratia
Dum clamarent nec incassum
Ecce quidam dicens assum
Ad uestra presidia.

« Quelques matelots naviguaient sur mer et luttaient
« contre la violence des flots ; leur navire s'entr'ouvrait
« et ils désespéraient de leur vie. Se voyant dans un
« si pressant danger, ils s'écrient tous d'une seule voix :
« O bienheureux Nicolas, conduis-nous à un port as-
« suré, toi qui touché de commisération as secouru
« tant d'infortunés ! Comme ils faisaient cette prière,
« qui ne devait pas être infructueuse, voici une voix qui
« crie : Je suis auprès de vous, j'accours pour vous
« secourir. »

La prose de cette fête, intitulée : *In festo Nicholay
epi et conf. Dup. antiquum*, est d'*Adam de Saint-
Victor*, qui vivait au douzième siècle (1).

(1) Presque tous les tableaux et images représentent saint Nicolas bénissant trois enfans placés dans un baquet. Ceci est fondé
sur une ancienne légende qui est très peu connue. Le saint
évêque de Myre étant en voyage, entra dans une hôtellerie. La

XXI. — Chapelle de Saint-Michel. Cet archange , peint dans le retable , terrasse le diable figuré sous une forme humaine d'affreuse laideur. Vis-à-vis est une petite toile d'une suavité délicieuse ; c'est l'enfant Jésus endormi , et sa mère respectant son sommeil.

XXII. — Chapelle de Saint-Jean-Baptiste. Une statue du saint précurseur est placée dans la niche de son retable d'excellent goût. Celle-ci fait le pendant de Sainte-Anne, dont nous parlons au n° 12. M. Jean-Baptiste Frasey, curé de Saint-Nicolas-des-Champs , auquel cette église est redevable de tant de restaurations et d'embellisse-mens , a surtout rétabli ces deux chapelles qui étaient dans le plus complet délâbrement. En face du retable est un petit tableau qui représente le saint vieillard Si-méon tenant dans ses bras l'enfant Jésus.

XXIII. — Chapelle de Saint-Vincent-de-Paul. Son retable, très bien décoré , offre un tableau du saint ami des pauvres , qu'on regarde comme un fidèle portrait. Au mur opposé est un petit tableau qui nous a paru re-présenter l'apôtre Saint-André. Le pavé de cette cha-pelle est fait de plusieurs marbres chargés d'épitaphes, fondations , etc. ; nous en parlerons dans le cours de

maîtresse du logis venait d'égorger trois enfans dont elle avait mis les corps à saler dans un baquet, pour en servir la chair aux voyageurs. Saint-Nicolas , instruit par inspiration divine de la barbare cupidité de l'hôtesse , découvrit le baquet qui contenait les corps de ces trois pauvres infortunés , et faisant sur eux le signe de la croix, les rendit à la vie.

cette Notice. Sur trois panneaux de la boiserie qui est au-dessous de la fenêtre sont peints les principaux traits de la passion de Notre-Seigneur; ce travail, qui n'est pas sans mérite, remonte au dix-septième siècle.

XXIV. — On a donné le nom de Saint-Charles Borromée à cette chapelle parce qu'on y a placé, fort mal à propos selon nous, le tableau qui avait été peint par *Godefroy* pour l'autel de la Communion. Cette grande toile, qui représente le saint archevêque de Milan administrant le sacrement de l'Eucharistie aux pestiférés de sa ville épiscopale, est des plus estimables. En face est un tableau de moyenne grandeur où l'on voit une jeune dame qui fait l'aumône à un religieux, tandis qu'un ange soutient la main de celui-ci.

XXV. — Chapelle de Saint-Jean l'Évangéliste. On se rappelle sans doute ce que nous avons dit sur le patron primitif de cette église. Le retable offre, sur un tableau des plus précieux et des plus estimés, l'image de ce bien-aimé disciple dans sa jeunesse. Cette chapelle correspond, dans le bas-côté septentrional, à celle de Saint-Nicolas qui est placée au collatéral du midi. Anciennement ce côté était le plus honorable, parce qu'on avait égard à la droite du prêtre se tournant vers le peuple, dans les différentes parties du cérémonial, comme le *Dominus vobiscum*, l'*Orate fratres*, et la bénédiction. C'est pourquoi dans les sanctuaires ornés des statues des deux princes du collège apostolique, saint Pierre est toujours placé du côté de l'Évangile. Vis-à-vis est un tableau de médiocre dimension représentant saint Sébastien détaché du poteau où il a été percé de flèches.

XXVI. — Chapelle de Saint-Étienne, premier martyr. Le bel et grand autel de cette chapelle, accompagné d'un retable à colonnes richement décoré, fait face à la porte méridionale et n'est pas conséquemment dans la direction de l'ouest à l'est, comme presque tous les autres. Un des plus anciens marguilliers de la paroisse, M. *Deharambure,* a fait élever cet autel en l'honneur de son saint patron. On voudra bien nous pardonner une remarque, il est vrai plus curieuse qu'importante, à ce sujet. Nous croyons qu'il y a peu d'églises qui, comme celle de Saint-Nicolas, possèdent des autels tournés vers les quatre points cardinaux. La grande chapelle dont nous avons parlé en tête de ce paragraphe, celles du Calvaire, de Saint-Fiacre, dite aussi *de l'Agneau,* et de Saint-Étienne, ont leurs autels dirigés vers le nord. L'autel du grand charnier est dirigé vers le sud, sans parler d'un petit autel secondaire du même charnier. L'autel de la Communion, sur lequel on célèbre le plus souvent, est dans la direction de l'ouest ; tous les autres sont dans celle de l'est. Il est inutile de faire observer qu'il n'y a point de règle sévère qui prescrive que le prêtre aura le visage tourné vers l'orient dans la célébration du saint sacrifice. On sait d'ailleurs que la basilique de Saint-Pierre, à Rome, est dirigée de l'est à l'ouest. Aussi Gavantus dit judicieusement, d'après Walafride Strabon : *Nunc celebramus ad utramque partem, quia Deus ubiquè est.* « Nous « célébrons indistinctement vers tous les points, parce « que Dieu est partout. »

L'autel du Premier-Martyr est orné d'un tableau qui représente saint Étienne distribuant des secours à un indigent couché sur un grabat. On sait que les premiers diacres étaient chargés de cette honorable mission. Ce tableau fut commandé en 1827 par M. le comte de Chabrol, préfet de la Seine, pour l'église de Saint-Nicolas-des-Champs, à M. *Léon Cogniet*, un de nos plus habiles peintres ; c'est une de ses plus belles productions. Cet autel bouche une petite porte surmontée d'une demi-fenêtre qui existe encore à l'extérieur. Avant que les religieux de Saint-Martin-des-Champs eussent permis de bâtir des maisons dans une partie de leur enclos, c'est par cette porte qu'ils entraient dans l'église de Saint-Nicolas. Aujourd'hui, un chemin de ronde qui aboutit à la rue Saint-Martin pourrait faire utiliser cette porte pour l'entrée des fidèles ; mais il faudrait sacrifier cette chapelle.

XXVII. — Chapelle de Saint-Louis, roi de France, qui y est représenté faisant l'aumône.

XXVIII. — Celle-ci correspond à l'ancienne sacristie dont nous parlons au n° 6. Cette chapelle, très étroite

et close en boiserie pleine , est , pour la partie septentrionale , le point de transition du gothique à la renaissance. Il n'y a ni autel ni tableau.

XXIX. — Chapelle du Sauveur. Il est probablement
inutile de répéter que le système ogival caractérise
toutes les autres chapelles qui nous restent à décrire, y
compris celle-ci. Elles ont toutes aussi une profondeur
moins considérable que les correspondantes de la partie
méridionale. Les meneaux de leurs fenêtres forment , à
leur point de réunion au sommet , des entrelacemens
qui varient pour chacune. L'autel de cette chapelle est
orné d'un tableau de moyenne grandeur, où l'on voit
le Sauveur environné d'une gloire. Au bas , ces paroles de l'Évangile sorties de la bouche de Notre-Seigneur : *Ego sum via, veritas et vita.* « Je suis la
« voie , la vérité et la vie. » Deux anges présentent
l'inscription sur un rouleau déployé dont ils tiennent
les extrémités.

XXX. — Le Calvaire. Contre la fenêtre , dont on a
aveuglé la totalité, à l'exception de l'ovoïde du sommet,
on a élevé une montagne factice en rocailles , sur laquelle est placé un grand Christ, au bas duquel sont
les saintes femmes et l'apôtre saint Jean, de grandeur
naturelle : ces plâtres sont d'une assez belle exécution.
C'est le monument de la mission prêchée en cette
église, l'an 1822, époque à laquelle des hommes qui
ne cessent de proclamer la *tolérance ,* se montrèrent

de la plus basse *intolérance*, en cherchant à susciter des troubles pendant les prédications faites à Saint-Nicolas-des-Champs ; mais ils ne trouvèrent aucune sympathie dans la population de ce quartier. C'était le 18 novembre, second jour de la mission. L'autel est adossé à ce calvaire.

XXXI. — Chapelle de Saint-Roch. Ce saint est représenté dans le retable de l'autel, au moment où un ange vient le consoler. Le mur qui devrait lui faire face est remplacé par une arcade qui fait communiquer cette chapelle à la suivante.

XXXII. — On nomme habituellement celle-ci *chapelle de l'Agneau,* à cause de l'Agneau typique qui sert de pied à la croix placée sur le tabernacle. La grande table de son autel est en pierre de liais, et provient, ainsi que tous ses accessoires, de l'ancienne église de Saint-Benoît, changée aujourd'hui en théâtre. L'autel de la chapelle de la communion a la même origine. Le premier était celui des SS. Serge et Bacque, *Sergius* et *Bacchus,* dont l'Église célèbre la fête le 7 octobre. Autrefois, cette chapelle, qui n'en faisait qu'une seule avec la précédente, comme nous venons de le dire, était celle de saint Fiacre, patron des jardiniers. Au jour de sa fête, ceux-ci ornaient leur sanctuaire chéri et s'y rendaient avec empressement pour y assister à une messe solennelle. La chapelle, la corporation et la ferveur ne sont plus que des souvenirs.

XXXIII. — Celle-ci est close en menuiserie, avec porte. Elle sert quelquefois de sacristie pour la grande·chapelle qui occupe tout le fond de ce collatéral, et dont nous avons parlé au commencement de ce paragraphe.

En y comprenant les deux du grand charnier, on compte dans cette église vingt-six autels canoniquement disposés pour y célébrer le saint sacrifice. Nous n'avons pas cru devoir mentionner deux ou trois petits tableaux qu'on voit dans ce charnier.

Tout le monde sait que les chapelles ou autels n'ont point été, comme aujourd'hui, à la charge des fabriques, et que des revenus plus ou moins considérables étaient attachés à ces chapelles. Souvent elles portaient le nom du fondateur ou du propriétaire qui avait été son héritier. Il serait plus digne d'une histoire complète de Saint-Nicolas-des-Champs, que d'une notice, de rechercher les titres de ces fondateurs, si toutefois même il était possible de les découvrir. *Piganiol de la Force* ne parle que d'une chapelle située auprès du chœur, et qui a appartenu à *M M. de Montmor*. Assez souvent les propriétaires des chapelles avaient le droit de s'y faire inhumer, et c'est à cela que plusieurs églises sont redevables des beaux monumens funèbres qui les décorent. Actuellement, l'église de Saint-Nicolas-des-Champs ne possède aucun monument de ce genre.

Nous croyons devoir joindre à la description des chapelles un état officiel des objets d'art dont elles ont été décorées par la ville de Paris, sous l'administration de M. le comte Chabrol de Volvic, préfet de la Seine. Nous suivons l'ordre numérique selon lequel nous avons procédé :

Désignation des sujets.	Nom de l'artiste.	Date.	Sommes allouées.	Dimension.
N° 4. Le Christ au jardin des Olives......	ROUGET....	1824.	4000 f.	14 p. sur 9 p. 6 p.
N° 5. Jésus portant sa croix.....	COUTAN.....	1827.	4000	15 p. sur 9 p. 4 p.
N° 9. Résurrection de Lazare........	SOUCHON....	1827.	2000	12 p. sur 8.
N° 12. Éducation de la Vierge........	DASSY......	1830.	2400	12 p. sur 8.
N° 17. Un repos en Égypte.	CAMINADE..	1817.	2400	8 p. sur 10.
N° 19. Statue de S. Cécile en plâtre.......	DIMIER.....	1825.	3000	5 p. 6 p.
N° 20. Saint Étienne et l'indigent......	COGNIET (L.)	1828.	5900	9 p. 2 p. s. 7 p. 2.

§ IV.

Sépultures.

Nous venons de dire qu'aucun mausolée n'existe dans l'église de Saint-Nicolas-des-Champs. Avant la funeste époque où tant de beaux monumens de ce genre sont tombés sous le marteau des démolisseurs, on en trouvait à Saint-Nicolas quelques uns qui, sans être fort remarquables, doivent néanmoins être regrettés. Plusieurs personnages célèbres furent inhumés dans cette église, et n'y ont jamais eu de monument funéraire.

Nous allons entrer dans quelques détails qui doivent nécessairement figurer dans cette notice.

1° Au milieu du chœur, sur une large dalle de marbre noir, nous lisons les noms des curés de Saint-Nicolas-des-Champs, dont les restes y furent déposés. Nous traduisons l'inscription latine :

Jean Dupont, licencié dans l'un et l'autre droit, mort âgé de soixante-six ans ; son cœur seul a été ici déposé le 3 novembre 1632.

Nicolas Malingre, licencié dans l'un et l'autre droit, mort le 2 mars 1645.

François de Montmignon, docteur de la maison de Navarre, mort le 28 octobre 1699, âgé de soixante-dix ans.

Philippe-Michel Bonnet, docteur de la maison et société de Sorbonne, mort le 25 mai 1731, âgé de soixante-dix-sept ans.

Une seconde dalle, à droite de la première et de la même grandeur, ne présente aucune inscription.

2° La chapelle indiquée au paragraphe précédent sous le n° 2, était réservée à la sépulture de la famille *de Montmor*. Sur le mur opposé à l'autel qui y était autrefois, on admirait une figure de la mort, sous la forme d'un squelette, en marbre blanc. Au-dessous, étaient placées des épitaphes de quelques membres de cette famille, qui possédait autrefois une chapelle située autour du chœur, dans la partie gauche, vers le nord.

3° La maison de *La Briffe* possédait la chapelle suivante. Au mur, vis-à-vis de l'autel, était adossée une pyramide funéraire, au-dessous de laquelle étaient incrustées, sur les parois, plusieurs épitaphes. On distingue encore sur le badigeon les linéamens de la coupe de ce marbre.

4° A la suite de cette chapelle, et dans celle qui porte le n° 4, était la sépulture de la famille *Machault*, dont un des membres a été garde des sceaux sous Louis XVI. Depuis la révolution, on a transporté dans cette chapelle, qui est aujourd'hui celle des Ames du purgatoire, toutes les épitaphes de la famille de *La Briffe*, dont nous venons de parler. La plus ancienne fait mention d'*Arnauld de La Briffe*, procureur général au parlement de Paris, mort en 1700. En suivant l'ordre des temps, on trouve inscrits, sur autant de dalles, les noms de *Joséphine de La Briffe*, épouse du marquis *de Crillon*, lieutenant-général, morte en 1770, à dix-neuf ans; d'*Arnauld-Barthélemy*, marquis de *La Briffe*, mort en 1776; de *Pierre-Arnauld de La Briffe*, président du grand-conseil, mort en 1788. Plusieurs femmes et filles des personnes précitées y ont leur sépulture auprès d'elles.

5° Dans la chapelle désignée sous le n° 9, était le caveau sépulcral de la famille *d'Ormesson*. Un grand nombre de ses membres y ont été enterrés, mais on n'y remarque aucune épitaphe. Cette chapelle, aujourd'hui sous le vocable de Saint-Nicolas, était placée, avant la révolution, sous celui de Sainte-Geneviève. Un nom très célèbre du seizième siècle se rattache à l'existence de cette chapelle. Nous voulons parler de *Guillaume Budé*, un des plus savans hommes du règne de François Ier, un de ceux qui contribuèrent le plus puissamment à la fondation du collége de France. Il était né à Paris, en 1467, et fut un des plus habiles de son temps dans les langues grecque et latine. On a de lui quatre volumes in-folio, où l'on distingue surtout ses Commentaires de la langue grecque. Le roi l'envoya en ambassade auprès du pape Léon X et le fit maître des requêtes. *Budé* fut aussi prévôt des marchands. Il mourut à Paris, le 23 août 1540, à l'âge de soixante-treize ans, et son corps fut inhumé dans l'ancienne chapelle de Saint-Geneviève; mais lorsque celle-ci devint partie intégrante du collatéral droit, il fut transporté dans la nouvelle chapelle de Sainte-Geneviève.

Une clause de son testament, écrit par lui-même quatre ans avant sa mort, est ainsi conçue : « ..... Or-
« donne mon corps estre inhumé en l'église monsieur
« Saint-Nicholas-des-Champs, à Paris, pour ce que
« mon domicile et maison par moi bâtie, *in spem*
« *perpetuæ moræ*, y est assise et que je m'attends à
« y mourir. A la fabrique de laquelle église je laisse
« douze livres tournoys pour l'ouverture de la terre et
« le son des cloches durant mon obit et le temps

« d'iceluy... Je veux être porté en terre de nuict et
« sans semonce, à une torche ou à deux seulement,
« et ne veux estre proclamé à l'église, ne à la ville,
« ne alors que je seray inhumé, ne le lendemain... »

Pour se conformer au vœu de *Budé*, qui désirait
être inhumé sans appareil ni *semonce*, on ne plaça aucune épitaphe sur sa tombe, mais ses amis ne man-
quèrent pas de lui en faire. En voici une du poète *Me-
lin de Saint-Gelais* :.

> Qui est ce corps que si grand monde suit ?
> Las, c'est Budé au cercueil étendu !
> Que ne font donc les cloches plus grand bruit ?
> Sans bruit sans cloche est assez répandu.
> Que n'a-t-on plus en torches dépendu,
> Suivant la mode accoutumée et saincte ?
> Afin qu'il soit par l'obscur entendu
> Que des François la lumière est éteinte.

Salomon Mitron, très bon poète lyrique, fit en son
honneur cette épitaphe latine, que les amateurs de
cette langue retrouveront ici avec plaisir. Elle est presque la traduction de la précédente :

> *Budæus voluit media de nocte sepulcro*
> *Inferri, et nullas prorsùs adesse faces.*
> *Non factum ratione caret, clarissima quandò*
> *Ipse sibi lampas, luxque corusca fuit.*

Nous avons pensé qu'on nous saurait gré de faire
connaître la première et dernière strophe d'un *Chant
royal* que *Guillaume Budé* présenta au roi François Ier

après son retour d'Espagne, où il avait été retenu prisonnier par Charles V :

> Cueurs oppressez soubz le fais de douleur
> Qui en regrets et pleurs vous consumez,
> Pour l'infortune et advenu malheur
> Au chef royal qui vous a tant aimez.
> Cessez vos plaincts, vos larmes réprimez,
> Donnez congé à tristesse esplorée.
> Celluy de qui l'absence souspirée
> De vostre enuy fust matière fécunde
> Est de retour en sa terre asseurée
> Aymé de Dieu et honnoré du monde.
>
> . . . .
> . . . .
>
> En beau tainct clair changez vostre palleur
> Par long chagrin visaiges defformez.
> Pour noirs habits vestez haulte coulleur
> Et vostre dueil en joye transformez.
> Rues tendez, places de fleurs semez.
> Résonne en chant, saincte église parée,
> Fument autels de senteur odorée.
> Soit toute langue à Dieu bénir facunde
> Et la venue au roy Franc désirée
> Aymé de Dieu et honnoré du monde.

6° La chapelle de Sainte-Anne, n° 12, était destinée à la sépulture des familles *Mandat* et *Favier*. Il ne reste aucun vestige d'épitaphe.

7° Celle aujourd'hui nommée de la *Sainte Famille* appartenait à la maison *Charron*. Rien n'indique actuellement cette ancienne destination.

8° Nous présumons que *Pierre Gassendi* a été inhumé dans la chapelle, anciennement de Saint-Antoine, aujourd'hui de Sainte-Cécile, n° 19. On y voyait, dans une niche de marbre noir, un buste de marbre blanc qui représentait l'illustre philosophe. Cette chapelle appartenait autrefois à la famille de *Montmor*. L'inscription tumulaire portait que ce petit mausolée avait été érigé par *Henri-Louis Habert de Montmor*, maître des requêtes, à cet *homme pieux, sage, savant, son ami et son hôte.*

Pierre Gassendi naquit à Chautersier, diocèse de Digne, en 1592, et mourut à Paris, le 24 octobre 1656, âgé de soixante-quatre ans. Après avoir embrassé l'état ecclésiastique, il devint chanoine et prévôt de la cathédrale de Digne. Il fut fait professeur de mathématiques au Collége royal, en 1645. Son système philosophique, opposé à celui de Descartes, fit beaucoup de bruit, et les philosophes se partagèrent en deux sectes, celle des cartésiens et celle des gassendistes. Il a laissé six volumes in-folio, dont un sur l'astronomie.

9° Trois dalles de marbre noir, de la chapelle Saint-Jean-Baptiste, n° 22, étaient chargées d'armoiries et d'épitaphes qui ont été effacées par le marteau des niveleurs, dans les temps de la terreur révolutionnaire. Il nous a été seulement possible de lire quelques caractères qui nous ont appris que là avait été déposé le cœur de M. *de Vivonne*, en 1688. C'est très certainement celui de *Louis-Victor de Rochechouart, duc de Mortemar et de Vivonne*, prince de Tonnay-Charente, gouverneur de Champagne et de Brie, maréchal de France et général des galères. Il se trouva à plusieurs batailles et surtout aux siéges de Douai et de Lille. Ce fut M. de Vivonne qui présenta le célèbre Boileau au roi Louis XIV. Dès que celui-ci fut en sa présence, il lui récita le plus bel endroit de sa première épître. Le duc de Vivonne, qui ne s'attendait pas à ce poétique compliment de Boileau à Sa Majesté, saisit son protégé à la gorge, en lui disant : « Ah ! traître, vous ne m'aviez pas dit cela ! » M. de Vivonne était l'ami intime de Boileau, et faisait lui-même de très beaux vers. Il mourut, en effet, le 15 septembre 1688. Comme on le voit, la date de l'épitaphe s'accorde parfaitement avec l'époque du décès de cet illustre maréchal.

A droite de la tombe qui recèle le cœur du maréchal, est celle de son épouse *Antoinette-Louise de Mesmes*, décédée le 10 mars 1701. Enfin, à gauche, est une autre tombe sur laquelle on peut distinguer ces mots : *Cy gist...*, et plus bas les titres dudit maréchal. Ceci prouve que le corps entier de ce personnage y est déposé, et que celle du milieu ne contient que le cœur. Les armoiries qui étaient gravées sur les deux tombes latérales ont été entièrement grattées.

10° La chapelle de Saint-Vincent de Paul, n° 23, est entièrement dallée de marbres funéraires et de quel-

ques autres qui constatent des fondations. La famille de
Tallard y avait le droit de sépulture. Aucune inscription apparente n'offre le nom d'un membre quelconque
de cette famille, qui a produit le maréchal de Tallard.
L'hôtel des ducs de Tallard était à l'entrée de la rue
des Enfans-Rouges, au coin de celle d'Anjou. Ces deux
rues étaient anciennement de la paroisse de Saint-Nicolas-des-Champs. Au milieu de ces dalles, nous en re-
marquons une qui nous offre cette épitaphe :

> Si pour exceller en vaillance
> Et pareillement en prudence
> On était exempt de la mort,
> Hélas ! elle n'eust osé poindre
> Celui-cy qui sceust conjoindre
> Ces vertus sous un même sort.

« Pour perpétuelle mémoire de feu *Agnan Ma-*
« *riette,* Parisien, escuier, sieur de Ponteville, lequel
« est décédé le 20 de febvrier 1626, âgé de soixante-
« dix ans. »

On lit sur une autre dalle le nom de *Charles Ame-*
lot, chevalier, marquis de Combronde, conseiller du
roi en ses conseils, et doyen des présidens au parlement de Paris, et celui de quelques autres personnes
de la même famille. Plusieurs dames y ont aussi des
épitaphes. On y lit plusieurs fondations, dont une par
Jean Levasseur, marchand, bourgeois de Paris, datée du 10 mai 1633, etc. Quelques dalles sont cachées

par le confessionnal, le marche-pied et la table de
l'autel. Il est indubitable que tous ces marbres ont été
ramassés de plusieurs parties de l'église où ils avaient
été placés *à perpétuité*. Mais, hélas! la *perpétuité*
de ce monde est singulièrement mobile...

Parmi ces dalles, qui sont au nombre d'environ
vingt-six, il en est une dont nous avons déjà dit un mot
au quatrième paragraphe du chapitre premier. Elle
porte cette inscription : « En l'année **M. VI. C. LXVIII**
« ont esté refondues les six cloches qui estoient lors au
« clocher avec augmentation; le beufroy restabli et
« haussé, le cœur pavé de pierre de lierre, et le char-
« nier réparé et augmenté, estant pour lors curé mes-
« sire François de Montmignon prestre et docteur de
« Sorbonne et marguilliers contables honorables hom-
« mes François Dionis marchand bourgeois de Paris... »
Le reste est couvert par le marche-pied de l'autel. Nous
formons des vœux pour que les plus intéressantes de
ces inscriptions soient placées d'une manière plus con·
venable.

11° La chapelle voisine de celle-ci, et dont nous par·
lons sous le n° 24, est pavée, au milieu, d'une très
grande dalle de marbre noir, qui ne porte que les noms
de M. et de madame *Thiroux de Lailly,* qui y ont été
inhumés. En 1749, le poète *Gresset,* membre de l'A-
cadémie française, habitait chez madame *Thiroux de
Lailly,* rue Courteau-Villain, aujourd'hui rue de Mont-

morency : il était donc paroissien de Saint-Nicolas-des-Champs. La maison *de Beauvilliers de Saint-Aignan* y possédait un caveau pour la sépulture de ses membres. Mais aujourd'hui il n'y a pas la moindre trace de cette ancienne destination. On sait que l'hôtel de Saint-Aignan était situé dans la rue Sainte-Avoye, qui était autrefois comprise dans la circonscription paroissiale de Saint-Nicolas-des-Champs.

On a recueilli dans la petite sacristie un marbre noir, de forme ovale, chargé d'une longue épitaphe en l'honneur de *Jacques Hémart*, conseiller, secrétaire du roi, décédé le 21 avril 1772, âgé de quatre-vingts ans neuf mois. Ce personnage y est loué de ses excellentes qualités religieuses et civiles, et surtout de son inépuisable charité envers les pauvres, et son association à toutes les bonnes œuvres de la paroisse.

Piganiol de la Force parle de deux marbres qui ont totalement disparu, et qui présentaient les épitaphes, 1° d'*Hilaire de la Haye*, ancien conseiller du roi, doyen des auditeurs de la chambre des Comptes, mort en 1625, âgé de soixante-douze ans ; 2° de *Jean Marteau*, mort en 1662, âgé de cinquante-deux ans. Le premier est loué de ce qu'il contribua à la soumission de Paris, qui enfin accueillit son roi Henri IV. Le second est représenté comme issu d'une famille très illustre, de laquelle il n'a point dégénéré. L'épitaphe se termine par ces mots : *Hunc docti suum deflent*

*doctorem, musæ parentem, virtutes alumnum,
virgines denique prototypum.* « Les doctes pleurent
« en lui leur docteur ou maître, les muses leur père,
« les vertus leur nourrisson, les *vierges,* c'est-à-dire
« les célibataires, leur modèle. »

Selon tous les écrivains qui parlent de Paris, ont été inhumés dans l'église de Saint-Nicolas-des-Champs les personnages célèbres que nous allons faire connaître, et qui n'y ont jamais eu d'épitaphes, ni aucune espèce de monument.

1° *Henry de Valois,* historiographe de France, né à Paris, le 10 septembre 1603, d'une famille noble, originaire de Normandie, fut d'abord avocat au parlement. Bientôt il abandonna la jurisprudence, afin de se livrer à son goût pour l'étude, et travailla avec tant de succès sur les auteurs grecs et latins, qu'il s'acquit une grande réputation dans toute l'Europe. Il s'attira l'estime de *Henri de Mesmes,* président au parlement, et du cardinal *de Mazarin.* Il mourut en 1676, à soixante-treize ans. Il a laissé plusieurs ouvrages, tels qu'une nouvelle édition d'*Ammien - Marcellin* avec des notes; une édition de l'*Histoire ecclésiastique* d'Eusèbe, en grec, avec une bonne traduction latine et de savantes notes; l'*Histoire* de *Socrate* et de *Sozomène,* en grec et en latin, avec des observations; l'*Histoire* de *Théodoret,* celle d'*Évagre,* etc.

2° *Adrien de Valois,* historiographe de France,

était frère puîné du précédent, dont il suivit la carrière littéraire et auquel il fut toujours tendrement attaché. Il mourut, avec de grands sentimens de piété,
le 2 juillet 1692. On a de lui, 1° une *Histoire de
France* en trois volumes ; 2° une *Notice des Gaules*,
par ordre alphabétique. Ces deux ouvrages sont très
estimés. Il donna aussi plusieurs éditions remarquables
d'anciens ouvrages, et surtout une seconde édition
d'*Ammien-Marcellin* (1).

(1) Au sujet de ce dernier, qui était, comme l'on sait, natif
d'Antioche et qui mourut, en 390, après avoir écrit une *Histoire
de l'empereur Julien l'Apostat*, un auteur contemporain a répété
la risible bévue d'un ouvrage sur Paris où elle n'est qu'une faute
d'impression. *Hurtaut*, en parlant des personnes illustres qui
sont enterrées à Saint-Nicolas-des-Champs, nomme, après les
deux historiens précédens, *Ammien-Marcellin*, comme y ayant
reçu la sépulture. Nous répétons que c'est l'imprimeur qui très
certainement lui fait dire cette absurdité. Le sieur D., dans un
Dictionnaire de Paris, qu'il a compilé assez récemment, de
concert avec un autre auteur dont le nom ne revient pas sous
notre plume, a copié, sans façon, *Hurtaut*, et nous apprend,
dans son très petit et très insignifiant article sur Saint-Nicolas-
des-Champs, qu'*Ammien-Marcellin* est inhumé dans cette église.
Le même D. a dit fort sérieusement dans un autre ouvrage, qu'un
des plus grands théologiens du xiie siècle était YVON CARNOT.
On sait que le célèbre *Yves de Chartres* est souvent nommé, par
abréviation, en latin, YVO CARNOT., ce dernier étant le même
mot que *Carnotensis*, c'est-à-dire, *Yves de Chartres*. L'un vaut
bien l'autre, sans contredit, et l'on peut comprendre que pour
le sieur D. il n'y a pas très grand inconvénient à faire enterrer
dans l'église de Saint-Nicolas-des-Champs un historien païen,
mort au 4e siècle.

3° *Madeleine de Scudéri* naquit au Hâvre-de-Grâce en 1607. Elle était sœur de Georges de Scudéri, dont Boileau a dit dans sa deuxième satire :

> Bienheureux Scudéri, dont la fertile plume
> Peut tous les mois sans peine enfanter un volume...

Elle mourut à Paris le 2 juin 1701, à quatre-vingt-quatorze ans. Ses principaux ouvrages sont des romans, dont les plus célèbres sont : *Artamène* ou le *Grand Cyrus; Clélie,* etc. Son ouvrage seul qui a pour titre : *les Conversations* ou *Entretiens,* contient dix volumes.

4° *Théophile de Viaud,* fameux poète dans son temps, et aujourd'hui complètement oublié, naquit à Clérac, en Agénois, vers l'an 1590. Sa mauvaise conduite l'avait fait enfermer à la Conciergerie, d'où il ne sortit que pour être condamné au bannissement. Il trouva moyen de revenir à Paris et mourut dans l'hôtel de Montmorency, rue du même nom, qui appartient encore à la paroisse de Saint-Nicolas-des-Champs. Il a été inhumé, en 1626, non dans l'église, mais dans le cimetière de la même paroisse.

5° *Francisque Milé* ou *Milet,* professeur de l'Académie royale de peinture, était né à Anvers en 1644. Il mourut à Paris en 1680, et fut inhumé, comme le précédent, dans le cimetière de Saint-Nicolas. Nous lisons dans le *Dictionnaire historique de Ladvocat,*

ces paroles : « On voit deux grands tableaux de lui
« (Francisque Milet) dans l'église de Saint-Nicolas-du-
« Chardonnet. » Ces deux tableaux, dont on fait mention dans le *Voyageur à Paris*, en 1784, sont le *Sacrifice d'Abraham* et *Élisée* dans le désert.

Pour réparer autant qu'il est possible la perte des
monumens et des épitaphes des personnes illustres
dont cette église garde les dépouilles, nous émettons le
vœu qu'une grande table de marbre, placée dans un
endroit apparent, reproduise le souvenir de ces noms
historiques. On y inscrirait surtout *Guillaume Budé*,
Pierre Gassendi, *Louis-Victor maréchal de Vivonne*, *François de Valois*, *Adrien de Valois*,
Madeleine de Scudéri, *Francisque Milet*.

Une seconde table devrait, à notre avis, transmet-
tre à la postérité les noms des principaux artistes dont
les œuvres décorent l'église de Saint-Nicolas. Ainsi y
trouveraient une place honorable, *Simon Vouet, Sarrazin, Sébastien Bourdon, Godefroy, Robin, Hallé,
Cliquot, Lucotte, Antoine, Boulland*, et quelques
autres, tels que *Dassy, Léon Cogniet, Delaistre,
Souchon*, etc., quoique encore vivans.

Si dans la période de six ou sept siècles d'existence
que compte la paroisse de Saint-Nicolas-des-Champs,
on avait eu l'utile pensée de graver sur la pierre les
noms des architectes, artistes de tout genre, avec la
date et la qualification de leurs travaux, nous n'aurions

point aujourd'hui à déplorer les lacunes forcées que nous faisons subir à notre notice, et plusieurs noms dignes d'être recommandés à la reconnaissance de la postérité ne seraient point à jamais ensevelis dans l'oubli. Faisons pour l'avenir ce que nous regrettons qu'on n'ait pas fait pour nous, en laissant toutefois leur triste part aux commotions politiques qui déconcertent quelquefois les prévisions les plus sages.

§ V.

Tablettes historiques.

On comprend facilement que l'histoire complète d'une paroisse est chose impossible, même quand cette paroisse est située dans une ville comme Paris, où il est plus facile que partout ailleurs de conserver les traditions. Avant les terribles désastres qui ont signalé le passage de l'ouragan révolutionnaire de 1789, et surtout de 1793 et 94, une histoire de ce genre n'eût pas été possible pour une paroisse qui a près de sept cents ans d'antiquité. Que sera-ce depuis que les barbares de cette époque ont brûlé ou dispersé les archives des églises et des presbytères? Nous devons donc nous borner à quelques documens bien rares que nous consignons ici sous le modeste titre de ce paragraphe, comme supplément à tout ce que nous avons dit jusqu'à ce moment, et qui justifie le choix du cadre dans lequel nous les plaçons.

I. Un des plus intéressans nous est fourni par un précieux Missel dont nous avons parlé et que l'on conserve aux Archives du royaume. Ce manuscrit sur vélin, petit *in-folio*, remonte à peu près à l'an 1360. Le milieu de ce Missel contient un assez grand nombre de feuilles qui ont été destinées à servir de contrôle pour diverses fondations, en faveur d'une pieuse association formée en cette paroisse. On peut être certain que le Missel appartenait à Saint-Nicolas, car le dernier feuillet porte ces mots : « Ce liure est à la Confrarie du « Sainct-Sacrement de l'autel fondée en l'église Sainct-« Nicholas-des-Champs à Paris. »

Le fait historique que nous voulons en faire ressortir se tire des paroles suivantes : « Nous, les maistres et « gouuerneurs de la Confrarie du Sainct-Sacrement de « l'autel fondée en l'église Sainct-Nicholas-des-Champs « à Paris *de tel et si long temps que il n'est mé-* « *moire comment ne du contraire...* » Si, au quatorzième siècle, la Confrérie dont nous parlons était déjà si ancienne, il ne serait pas téméraire d'en faire monter l'érection jusqu'à l'époque où fut instituée la fête même du Saint-Sacrement, qui date du treizième siècle. Nous pouvons donc hardiment prononcer que cette Confrérie, qui existe encore dans la même église, est

la plus ancienne, ou du moins une des plus anciennes
de la ville de Paris.

Les personnes qui ont fait diverses fondations en
faveur de cette confrérie sont nommées dans l'ordre
suivant :

« Feulx Michault Savart et sa femme ont délaissé à
« la ditte Confrairie XXII liures de rente à prendre sur
« une pièce de vigne assise au terrouer de la Courtille,
« aux lieux nommés la ruelle d'Orillon, etc.

« Maistre Gilles Dubois, prestre, etc.

« Jehan Hardouin le jeusne, fils de Estienne Har-
« douin et Pérette, etc.

« Michault Hardouin, laboureur, et Pérette, sa
« femme, etc.

« Messire Jehan Pochet P̂bre, curé d'Orlemont et
« d'Ytheville, et vicaire de Sainct-Nicholas-des-
« Champs, etc.

« Thuret Fourdinier et Estiennette sa femme, etc.

« Honnorable homme Jehan Philippon, tailleur de
« pierre et bourgeoys de Paris, etc.

« Symon Bertrand, etc.

« Renaulde Robineau, femme de Hugues Tardif,
« bourgeoys de Paris, a donné par son testament fait
« et passé le XIe juliet M.DLIV. Signé : Aubert et
« Filesac, à la Confrairie du Sainct-Sacrement, etc. »

Il suit de cette date que la dernière fondation consignée dans le Missel a été faite en 1554. On ne verra

pas sans quelque intérêt mentionner les noms des confrères qui, en septembre 1490, étaient : « Maistres et
« gouuerneulx de la ditte Confrarie ; Jehan Fay, mar-
« chant et bourgois de Paris ; Michault Hardouin, ar-
« cher, laboureur et bourgois de Paris ; Nicholas
« Brette, marchant tonnelier et bourgois de Paris ;
« Jehan Gousset, maistre maçon et bourgois de Paris. »

II. Un autre manuscrit du format *in-4°*, sur vélin,
conservé, comme le premier, aux Archives du royaume,
est intitulé : *Martyrologe de la paroisse de Saint-
Nicolas-des-Champs, dressé de nouveau en 1666.*
Il contient une grande quantité d'obits, saluts, services
complets et autres offices fondés en cette église. Leur
énumération textuelle occuperait ici un trop grand espace. Il y a principalement des saluts pour un grand
nombre de fêtes et de dimanches ; on y désigne, dans
le plus minutieux détail, ce qui doit y être chanté. Ceci
présente beaucoup d'intérêt sous le rapport liturgique,
et peut faire comprendre aux personnes qui ne connais-
sent pas les origines, pourquoi certains saluts qui sont
en usage dans cette paroisse y sont célébrés avec un
rite si différent de ce qui s'observe, à pareil jour, dans
d'autres églises. Il est vrai que la très majeure partie
de ces saluts de fondation est aujourd'hui supprimée,
et que ceux qui ont été conservés ne se font plus avec
le cérémonial de leur fondation. Nous croyons devoir

en placer ici un exemple qui pourra faire juger de tous les autres.

« Pour le salut de six heures du dimanche des Ra-
« meaux, fondé par Symon Fourmel, bourgeois de
« Paris, et damoiselle Claire Ybert sa femme. Les deux
« chapiers doivent commencer par le répons : *Circum-*
« *dederunt me*. Ensuite *Vexilla regis,* où le verset
« *O Crux ave* sera répété trois fois ; puis *Magnificat*.
« L'oraison finie, sera entonné par les deux chapiers
« *Stabat Mater,* allant à la station dans la nef. Le
« *Stabat* fini, les chapiers entonneront, allant sur la
« fosse vis-à-vis le jubé de l'Évangile, le traict : *Domine*
« *non secundùm,* et le verset *Adjuva nos Deus* sera
« chanté par les quatre enfans de chœur à genouils, et
« puis le *De Profundis* et oraison, pendant lequel une
« volée de grosse sonnerie. »

III. Nous avons déjà dit, au paragraphe ii du chapitre Ier, que les religieux de Saint-Martin-des-Champs
étaient curés primitifs de la paroisse de Saint-Nicolas.
Malgré la décharge du soin spirituel sur un curé ou
vicaire-perpétuel qui était à la nomination du prieuré,
les religieux avaient conservé leurs droits honorifiques ;
c'est pourquoi les curés de Saint-Nicolas-des-Champs
devaient assister sans étole aux trois processions des
Rogations qui partaient de Saint-Martin. Les sermons
devaient cesser à Saint-Nicolas, tous les dimanches

qui précèdent et suivent immédiatement les fêtes de
Saint-Martin et de Saint-Paxent, pour ne pas détourner
les paroissiens qui devaient assister aux instructions de
la principale église, ou *église-matrice*. Les curés de
Saint-Nicolas ont voulu, de temps en temps, s'affran-
chir de cette dépendance; mais des arrêts rendus en
1483 et 1560 ont maintenu les religieux dans leurs
priviléges. Ceux-ci avaient le droit de percevoir la
moitié des cires qu'on offrait à Saint-Nicolas, le jour
de sa fête et en celle de la Présentation de Notre-Seigneur, et en outre, quarante-quatre sols parisis sur la
cure.

La supériorité de Saint-Martin sur l'église de Saint-
Nicolas consistait aussi dans le droit qu'avaient les religieux de faire l'office et toutes les fonctions curiales
dans cette dernière, aux quatre fêtes solennelles et à
celles des patrons, avec l'assistance du clergé au chœur
et à l'autel.

En 1718, *Philippe Bonnet*, curé de Saint-Nicolas-
des-Champs, fit une nouvelle tentative d'affranchisse-
ment de cette importune préséance. Le Grand-Conseil,
par son arrêt du 29 novembre 1720, donna gain de
cause aux religieux de Saint-Martin-des-Champs. Cet
arrêt permet cependant à *Philippe Bonnet* de prendre,
comme par le passé, le titre de curé, quoiqu'il ne soit,
par le fait, que vicaire-perpétuel. Telle est l'instabilité
des choses de ce monde, qu'aujourd'hui il n'existe de

Saint-Martin qu'un souvenir historique , tandis que Saint-Nicolas-des-Champs est une des douze cures , du premier ordre , de la ville de Paris.

IV. Sous le règne de François Ier existait encore une coutume dont l'origine remonte plus haut. Le 6 décembre , fête de Saint-Nicolas , évêque de Myre , les enfans de chœur de l'église cathédrale Notre-Dame se rendaient à Saint-Nicolas-des-Champs pour y chanter l'office. On sait que ce saint pontife est regardé comme le patron des jeunes garçons. Mais , chemin faisant , ces enfans de chœur disaient des *facéties :* on appelait ainsi de petits drames qui ne demandaient pas un grand luxe de représentation. *Sauval* raconte qu'en l'année 1525 , les excès qui s'y commirent furent tels , qu'ils attirèrent les plaintes de la cour. Il est vrai qu'on doit moins les imputer aux enfans qu'aux personnes mal intentionnées qui se mêlèrent aux enfans de chœur. Le chapitre , toutefois , y mit bon ordre , et par la suite , cela se borna à un salut que les chapelains et chantres de Notre-Dame allaient chanter avec lesdits enfans à Saint-Nicolas-des-Champs. Sous Charles V, les petits écoliers habillaient en évêque un d'entre eux , le jour de Saint-Nicolas , et le promenaient par les rues avec autorisation du Parlement. Il paraît qu'il en était de même à Reims et en Lorraine.

V. *Gilles Corrozet*, dans ses *Antiquitez de Paris,*

raconte deux événemens assez curieux qui se passèrent dans la paroisse de Saint-Nicolas-des-Champs. Il dit qu'en 1566, en la rue Guérin-Boisseau, la femme d'un pauvre aide-maçon accoucha de cinq enfans, dont quatre vivans et un mort, mais qu'en peu de temps tous furent décédés. Le second fait est à peu près de même nature ; laissons parler l'auteur : « Le ven-« dredy XXI° jour de juillet mil cinq cent septante, « en la ville de Paris, rue des Gravilliers, nasquirent, « un peu devant le jour, deux enfans jumeaux, lesquels « estoient joincts en un corps, au lieu de la nature, « ayans teste, bras, mains, seing, estomach à l'op-« posite l'un de l'autre, et n'ayant qu'un corps, les « pieds de l'un sous les aisselles de l'autre ; lesquels « ayans vie, furent baptisez en l'église Saint-Nicolas-« des-Champs, paroïsse de la maison de leur naissance, « et où demeuroit leur père nommé Pierre Germain, « ayde à masson ; la mère s'appelloit Mathée Pernelle, « fort pauvres. Les dicts enfans moururent le dimanche « ensuivant, peu de temps l'un après l'autre. » *Du Breul*, qui raconte ce fait, le place en l'an 1578.

VI. La paroisse de Saint-Nicolas-des-Champs a compté parmi ses marguilliers un personnage qui a fait beaucoup de bruit en son temps. Le duc de Beau-fort, deuxième fils du duc de Vendôme, dit le *Roi des halles*, en 1652, du temps de la Fronde, avait, dit-on, son hôtel dans la rue Bourg-l'Abbé, qui aujourd'hui est de cette paroisse.

VII. A l'époque où le jansénisme était la pomme de discorde qui jetait le trouble dans l'Église et dans l'État, un refus de sacremens à un malade notoirement connu comme appartenant à cette secte occasionna, dans la paroisse de Saint-Nicolas-des-Champs, un procès qui eut beaucoup de retentissement. Le clergé de cette église, obéissant aux ordres de son supérieur légitime, qui était alors M. Christophe de Beaumont, archevêque de Paris, exigeait de tout malade suspecté de jansénisme une déclaration précise de soumission absolue à la bulle *Unigenitus*, où la doctrine de Jansénius était anathématisée. Le parlement, qui avait la prétention d'être le tuteur de l'Église et de l'État et de régenter les deux puissances, condamna, pour avoir obéi à la voix de leur premier pasteur, les sieurs *Jacques de l'Écluse*, curé de Saint-Nicolas-des-Champs, *Bonnet*, vicaire, *Thérèse, Dubertrand* et *Cousin*, prêtres de la même paroisse, à la peine du bannissement perpétuel. L'arrêt devait être affiché, par la main du bourreau, en place de Grève, le 20 janvier 1759, deux jours après avoir été prononcé. C'est ce qu'on appelait alors les *libertés de l'Église gallicane*, en vertu desquelles le pouvoir spirituel devait être le très humble valet de la puissance civile et de la force brutale.

VIII. Un travail statistique, datant du célèbre pontificat de Christophe de Beaumont, sur les paroisses du diocèse de Paris, indique la population approximative de chacune de ces paroisses qui, en 1749, étaient au nombre de quarante-quatre pour la ville de Paris. Quatre divisions principales portaient chacune un nom spécial ; c'étaient la Cité, la Ville, l'Université, les Faubourgs. Saint-Nicolas-des-Champs était paroisse de la Ville, et sa population, à cette époque, s'élevait à environ quarante-cinq mille âmes.

IX. Une galerie de portraits incrustés aux panneaux de la grande salle du presbytère, qui est elle-même un monument peu commun sous le rapport de ses boiseries sculptées, nous fournit le moyen de placer ici un catalogue des curés de Saint-Nicolas-des-Champs, depuis les dernières années du règne de Henri IV jusqu'à ce jour. Chacun de ces portraits présente la date de la prise de possession jusqu'à la mort, changement ou démission du titulaire.

1er Jean Dupont, de 1605 à 1632.

2e Nicolas Malingre, de 1632 à 1645. Il est représenté en habit de pélerin, le bourdon, accompagné de la gourde, à la main.

3e Jean Obry, de 1645 à 1653.

4e Claude Joly, de 1653 à 1664. Il fut sacré évêque

d'Agen le 15 mars 1665, mais il avait été auparavant nommé à l'évêché de Saint-Pol de Léon. On a de lui huit volumes de prônes et sermons très estimés. Il mourut en 1678, à 68 ans.

5° François de Montmignon, de 1664 à 1699.

6° Philippe-Michel Bonnet, de 1699 à 1731.

7° Nicolas Parquet, de 1731 à 1746.

8° Jacques de l'Écluse, de 1746 à 1767. Il mourut grand-vicaire de Paris.

9° Jean-Étienne Parent, de 1767 à 1801.

10° Michel Bruant, de 1802 à 1816.

11° Placide-Bruno Valayer, de 1816 à 1823. De la cure de Saint-Germain-l'Auxerrois, il passa à celle de Saint-Nicolas-des-Champs, et de cette dernière à celle de Saint-Thomas-d'Aquin, devint chanoine titulaire de Notre-Dame de Paris en 1830, évêque de Verdun en 1833, démissionnaire en 1836, et chanoine du premier ordre du chapitre royal de Saint-Denis. Il vit encore en Provence, son pays natal.

12° Jean-Baptiste Frasey, installé le 15 mai 1823. *Multos adhùc ad annos !*

Il nous a été impossible de remonter, pour ce catalogue, plus haut que l'année 1605. Les noms des curés, pendant les quatre siècles antérieurs à cette époque, nous sont restés inconnus ; il faut en excepter *Valtherius, Gaultier*, curé en 1220, et François *Pigenat*, qui, après le meurtre du duc de Guise en 1588, se distingua par de terribles excitations à venger l'attentat commis sur cet illustre chef de la Ligue.

X. Un fait historique dont la paroisse de Saint-Nicolas-des-Champs a voulu consacrer, par une solennité spéciale, le consolant anniversaire, doit être ici mentionné. Après quelques années d'orgie révolutionnaire pendant lesquelles, au nom d'une liberté dérisoire et souverainement despotique, les chrétiens étant bannis de leurs églises, celle-ci..... avait étrangement changé de destination, un jour plus pur se leva pour elle. Ce jour fut le 4 octobre 1795. La date est digne de remarque. Tous les ans on y célèbre une fête solennelle d'actions de grâces pour ce bienfait inespéré.

Nous avons le bonheur de croire fermement que les utopies grossières qu'on cherche à reproduire avec un zèle si infernal ne détrôneront plus, même pour quelques jours d'essai, la doctrine et le culte dont l'influence peut seule *spiritualiser* l'humanité, que l'irréligion *matérialise* et abrutit.

CHAPITRE III.

ÉTABLISSEMENS ANCIENS ET NOUVEAUX.

§ I.

Prieuré de Saint-Martin-des-Champs, rue Saint-Martin.

Nous n'avons point la prétention de donner ici l'histoire de cette maison fameuse, ni de faire la description de son existence architecturale dans les diverses phases qu'elle a dû éprouver. Nous ne pouvons parler que d'une manière secondaire et accessoire de ce qui se rattache à la circonscription territoriale de la paroisse de Saint-Nicolas-des-Champs. D'ailleurs, nous savons qu'on s'occupe d'une notice très détaillée sur Saint-Martin. L'écrivain qui voudra dire tout ce que fut ce monastère royal, et tout ce qu'il est depuis sa transformation en Conservatoire des arts, trouvera facilement la matière d'un ouvrage considérable. Tel ne peut être ici notre but.

En recherchant l'origine de la chapelle de Saint-Nicolas, et par suite de la paroisse qui en porte le nom, nous avons dû parler de Saint-Martin. Le nom de ce prieuré reparaît souvent dans les deux premiers chapitres de cette notice, parce que l'existence de Saint-Nicolas-des-Champs a toujours été annexée à celle de Saint-Martin, jusqu'au moment où la mère succombant à l'orage qui a emporté toutes les communautés religieuses, la fille a pu seule lui survivre, non sans un grave danger de périr avec elle. On sait donc déjà que le roi Henri Ier, fils de Robert, roi de France, fonda le monastère de Saint-Martin en un lieu où avait existé une abbaye de ce nom. Quelques auteurs ont contesté ce dernier fait historique, et nous n'avons pas mission de terminer ce débat. C'est donc de 1050 à 1060, car on ne peut au juste préciser l'année, que la fondation de Saint-Martin fut faite par le roi Henri Ier. Ce prince donna beaucoup de terres à ce monastère, et son fils, Philippe Ier, ne se montra pas moins généreux et libéral envers la nouvelle abbaye. Nous employons ce terme, parce qu'en effet, dès son origine, Saint-Martin-des-Champs exista sous ce titre. L'église fut terminée en 1067, et il s'en fit une dédicace solennelle. En ce moment, les religieux qui habitaient l'abbaye portaient le nom de *canonici cœnobialiter viventes*, « chanoines vivant à la manière des cénobites; » ce qu'on a nommé plus tard, ailleurs, chanoines réguliers. Mais douze ans après, en 1079, ces *chanoines* cédèrent la place à des religieux de Cluny, que le roi Philippe avait demandés à saint Hugues, sixième abbé de ce monastère, qui jouissait d'une grande réputation de sainteté. Saint-Martin-des-Champs ne subsista donc, en qualité d'abbaye, qu'environ vingt-cinq ans. Le chef des nouveaux moines dut prendre la qualité de prieur, subordonné à l'abbé de la maison-mère de Cluny, dont Saint-Martin fut la troisième fille ; le prieuré de la Charité-sur-Loire était la première, et Saint-Pancrace-de-Leuve, en Angleterre, la seconde. Mais lorsque ce dernier royaume se fut séparé de l'Église catholique, Saint-Martin-des-Champs prit le second rang parmi les nombreux monastères qui relevaient de Cluny.

Les rois Louis VI, en 1111 et en 1128, Louis VII, en 1137, agrandirent les possessions de ce prieuré en confirmant ses priviléges antérieurs. De célèbres personnages ont été prieurs réguliers ou commendataires de Saint-Martin. Outre les revenus considérables que possédait cette maison royale, elle jouissait, dans la personne du prieur, du droit de collation.d'un grand nombre de bénéfices. *Piganiol de la Force* en fait l'énumération. Selon cet écrivain, le prieur nommait à vingt-neuf prieurés, à deux *vicaireries* perpétuelles dans l'église métropolitaine de Paris, et à une dans l'église de Notre-Dame d'Estampes. Cinq cures de Paris étaient à sa collation, savoir : Saint-Jacques de la Boucherie, Saint-Nicolas-des-Champs, Saint-Laurent, Notre-Dame de Bonne-Nouvelle et Saint-Josse. Dans le reste du diocèse de Paris, le prieur nommait à vingt-cinq cures, sans y comprendre plusieurs chapelles. On voit que si le monastère de Saint-Martin ne jouissait pas du titre d'abbaye, il possédait des prérogatives telles que les plus florissantes communautés, dont le supérieur portait la mitre abbatiale, très souvent, en étaient dépourvues. Les prieurs ont été, pour la plupart, des personnages marquans, soit par leurs dignités ecclésiastiques, soit par leurs propres mérites. Quatre sont devenus abbés de la célèbre abbaye de Cluny; plusieurs ont été promus à l'épiscopat, et quelques uns ont été cardinaux.

Parmi ces derniers, on distingue *Pierre Aycelin de Montaigu*, *Guillaume d'Estouteville* et *Armand-Jean du Plessis Richelieu*. On dirait que *Piganiol de la Force* a pris plaisir à brouiller l'ordre chronologique dans l'énumération qu'il fait de ces trois illustres princes de l'Église et le précis historique qu'il en donne, en parlant de Saint-Martin-des-Champs.

Le premier, plus connu sous le nom de cardinal de Laon, fut proviseur de Sorbonne, et rétablit le collége de Montaigu, qui tombait en ruine. Il mourut d'une manière funeste, selon ce qu'en raconte *Jean Juvénal des Ursins,* dans son histoire de Charles VI. Il fut investi du prieuré de Saint-Martin-des-Champs en 1386, après avoir émis, dans le conseil tenu à Rouen par le roi, des sentimens qui déplurent aux seigneurs de la cour, mais qui étaient favorables au monarque et utiles au bien du royaume.

Le second, aussi distingué par sa naissance que par ses grands talens et ses vertus, devint prieur de Saint-Martin en 1471. Il était cardinal depuis 1439, et avait occupé les sieges de Térouenne, d'Angers, de Béziers et de Rouen. Il était archevêque de cette métropole quand le prieuré lui fut conféré. Sa mort arriva en 1483, à Rome, où il était doyen du Sacré-Collége.

Le nom du troisième est l'histoire complète du règne de Louis XIII. Jusqu'à la suppression des ordres religieux, le prieuré de Saint-Martin-des-Champs a été l'apanage des plus nobles maisons du royaume, et ce titre marchait de pair avec celui des abbayes en commende les plus honorables. Le dernier prieur commendataire a été M. de Saint-Phar.

L'église, le réfectoire et les bâtimens du prieuré de Saint-Martin peuvent figurer parmi les monumens les plus remarquables d'une ville qui en compte un si grand nombre. L'église, qui, depuis la révolution de 1789, est fermée au culte, est, avec celle de Saint-Germain-des-Prés, la plus vieille de Paris. Sa proximité de celle de Saint-Nicolas-des-Champs, dont elle n'est séparée que de quelques mètres, ne permet pas de penser qu'il soit jamais utile de rendre à ce beau vaisseau les pompes religieuses dont il fut témoin pendant plusieurs siècles. Cela n'eût été possible qu'en créant dans le magnifique monastère qui y est attenant une grande institution, telle qu'un collége royal ou particulier (1). Le réfectoire, bâti par *Pierre de Montereau* ou *Montreuil*, nommé par quelques écrivains *Eudes de Montreuil*, est digne de l'architecte qui a bâti la Sainte-Chapelle du Palais de Justice. Ce délicieux chef-d'œuvre est aujourd'hui dans un délabrement absolu, et en un moment où la Sainte-Chapelle est l'objet de la sollicitude de l'administration municipale, il est permis de croire qu'on daignera enfin s'occuper du réfectoire de Saint-Martin, contemporain de la première.

Les bâtimens, qui sont aujourd'hui ceux du Conservatoire des arts et métiers, furent élevés sur les dessins de *Le Tellier*. La première pierre en fut posée le

(1) Un décret impérial, en date du 21 mars 1812, créa un nouveau lycée dans l'ancien prieuré de Saint-Martin-des-Champs, occupé actuellement par le Conservatoire des arts et métiers. Les événemens de 1814 empêchèrent l'exécution de ce décret. Nous pensons que quoiqu'un grand établissement de cette nature eût été fort convenablement placé dans ce local, le Conservatoire n'en est pas moins bien situé dans ce quartier où l'industrie et la fabrication ont leur siége principal.

13 juin 1702. La façade du côté du jardin a soixante-deux toises, ou environ cent vingt-quatre mètres de développement en longueur, sur trente mètres de profondeur ou largeur, et quinze de hauteur. Les deux ailes qui partent en équerre des deux points extrêmes de la façade, du nord au sud, ont chacune vingt-deux toises ou quarante-quatre mètres de long, sur dix mètres de large. Un beau jardin se déploie devant ces trois façades, et une grille de fer le sépare de la grande place qui existe entre les deux halles couvertes du nouveau marché. Celui-ci a été pris sur le jardin, tel qu'il existait avant la révolution. Il fut commencé en 1813, par *Petit-Radel*, et terminé en 1817. Mais, en 1765, les religieux de Saint-Martin avaient fait construire un marché public sur une partie du territoire de ce prieuré, et ce marché était d'autant plus utile qu'il se tenait auparavant dans la rue Saint-Martin et ne contribuait pas médiocrement à augmenter les embarras de cette rue si passante. C'était pour nous un devoir de mentionner ce fait pour qu'il soit bien démontré que l'amour du bien public n'était pas un sentiment étranger aux moines, que l'intolérante malveillance n'a cessé de représenter comme des hommes égoïstes et inutiles à la société. La rue Royale et toutes celles qui y aboutissent ont été bâties sur le territoire des religieux, par leur ordre, et tout ce quartier aujourd'hui si peuplé est une création du prieuré royal.

La fontaine publique, placée au bas d'une ancienne tourelle de son enclos, la seule qui reste, a été construite, il est vrai, aux frais de la ville, mais sur un emplacement qui fut offert, dans cette intention, par les religieux de Saint-Martin, toujours pour l'utilité publique. La première pierre de cette fontaine fut posée le 12 août 1712, trois ans avant la mort de Louis XIV, par le corps de ville, présidé par *Jérôme Bignon*, prévôt des marchands. Une table de marbre, placée au-dessus de la fontaine, consacrait ce souvenir par une longue inscription que nous ne pouvons transcrire ici. Il serait à désirer qu'elle fût reproduite sur le monument.

Voulant rester fidèle au but que nous nous proposons dans ce court aperçu, nous nous bornons à retracer les trois inscriptions qu'on lisait au bas des portraits des rois fondateurs du prieuré, dans le vieux cloître qui fut démoli en 1702.

Sur la porte par laquelle on entrait de ce cloître dans l'église, était la figure du roi Henri Ier, tenant son sceptre de la main droite, et de l'autre une église. On lisait au-dessous :

Inclita Martino construxi hæc mœnia divo.

« J'ai érigé cette église et ce monastère en l'honneur du glorieux saint Martin. »

A un des côtés était représenté Philippe Ier, en pied. Au-dessous :

Cluniaco accivi monachos : censu quoque juvi.

« J'ai appelé ici des moines de Cluny et leur ai assigné des revenus. »

A l'autre côté, un portrait en pied de Louis VI. Au dessous :

Dona ego majorum collataque jura probavi.

« J'ai confirmé les donations et les prérogatives accordées par mes prédécesseurs. »

Au temps où l'on détruisit ce cloître séculaire pour contruire les nouveaux bâtimens, on s'appliqua à donner à ce monastère une physionomie toute neuve, et la vénérable église du onzième siècle ne fut pas dispensée de ce malencontreux *rajeunissement.* Nous copions les paroles de *Jaillot :* « ..... L'on décora l'é-
« glise, à laquelle on a ajouté, ces dernières années,
« quelques bâtimens qui forment un vestibule, cachent
« l'ancienne entrée qui ne flattait pas les yeux, et pré-
« sentent un portail agréable, en attendant qu'on en
« puisse construire un qui soit proportionné à la hau-
« teur de l'édifice. » Quiconque a vu ce *portail agréable,* qui subsiste encore, pourra juger du goût qui distinguait le dix-huitième siècle.

§ II.

Hôpital de la Trinité, rue Greneta et rue Saint-Denis.

Il est bien difficile de donner la date positive de la fondation de cette maison. S'il faut en croire *Du Breul,* deux hommes de famille noble, frères de mère, nommés *Wilhem* ou *Guillaume Escuacol* et *Jean de la Paslée,* « voyant que plusieurs pauvres pellerins pour « estre arrivez tard ne pouvoient entrer dans la ville et « estoient contraints coucher par terre, achetèrent « deux arpens.... d'une pièce tenant à la Fontaine la « Royne, hors Paris, pour estre lors la porte d'icelle « ville au lieu que nous appellons maintenant la Porte- « aux-Peintres. » Ceci se passait en 1202. Ces deux généreux frères bâtirent d'abord un hôpital assez étroit, dans lequel était néanmoins une assez grande salle destinée au coucher des pauvres pélerins. Il porta d'abord le nom d'*Hôpital de la Croix de la Reine,* à cause de sa position auprès d'une croix voisine de la fontaine du même nom, au coin des rues Greneta et Saint-Denis. Une chapelle, érigée sous le vocable de la Trinité, dans cet hôpital, fit substituer ce dernier nom à l'ancien. La conduite de cet asile de charité fut confiée aux religieux de Prémontré, de la maison d'Hermières. Les lettres de *Pierre de Nemours,* évêque de Paris, sous la date de 1210, établissent formellement tous ces faits. Le chapitre de Saint-Germain-l'Auxerrois, qui avait des droits sur ce territoire, s'opposa d'abord à ce que les religieux qui desservaient la chapelle de la Trinité eussent des cloches, mais il finit par y consentir, moyennant une redevance annuelle de dix sols.

Les religieux d'Hermières conservèrent la direction de cet hôpital jusqu'à l'année 1545. Mais déjà, longtemps avant cette époque, ils n'exerçaient plus l'hospitalité, qui était le but de la première fondation. Tous les historiens s'accordent à dire qu'une des grandes salles destinées à recevoir les pauvres fut concédée, à titre de ferme, aux *Confrères de la Passion*, qui y jouaient leurs pièces dramatiques, connues sous le nom de *Mystères*. C'est de ces confrères que Boileau a dit qu'une troupe grossière de pélerins monta la première, à Paris, sur le théâtre,

> Et sottement zélée en sa simplicité,
> Joua les saints, la Vierge et Dieu, par piété.

Ce spectacle, comme on le pense bien, loin d'être ce qu'il a été depuis, et, nous n'avons pas besoin de le dire, ce qu'il est aujourd'hui..., ne présentait rien de préjudiciable à la religion et aux mœurs, et, au contraire, édifiait les personnes qui le fréquentaient. C'est ce qui explique pourquoi les curés de Paris avançaient l'heure

des vêpres, les dimanches et les fêtes, afin qu'il fût
plus facile à leurs paroissiens de jouir de ces représen-
tations. L'abus se fut bientôt introduit dans ces sortes
de spectacles. On voulut y jouer des pièces profanes et
bouffonnes, qu'on appelait encore *mystères,* mais que
le bon sens du peuple nomma *les jeux des poix pillez. Du Breul* ajoute que « ceux qui y assistaient
« étaient, la plupart, gens méchaniques, qui souvent
« délaissaient le divin service pour y venir et prendre
« leur récréation... »

Il paraît que le parlement ordonna, en 1545, que
les enfans mâles des pauvres, au-dessus de sept ans,
seraient mis en un lieu pour y être logés, nourris et
instruits dans la religion chrétienne, et qu'on ne trouva
pas de local plus convenable pour remplir ce but que
l'hôpital de la Trinité. *Piganiol de la Force* place cet
arrêt du parlement en l'an 1547. Quoi qu'il en soit, la
grande salle des *mystères* ou plutôt des *jeux de poix
pillez* fut réservée pour héberger les petits enfans des
familles indigentes. Cette bonne œuvre prit ensuite
beaucoup d'extension.

Depuis long-temps, jusqu'à l'époque de nos troubles
révolutionnaires, on recevait à l'hôpital de la Trinité
cent garçons et trente-six filles. Il fallait que ces enfans
fussent parvenus à l'âge de neuf ans, issus de parens
inscrits dans le rôle des aumônes du *Grand-Bureau,*
et désignés par le procureur-général du parlement,

qui était président-né de l'administration de cette maison. Tous ces enfans étaient destinés à apprendre des métiers. Les ouvriers qui venaient les enseigner étaient, pour leur récompense, reçus maîtres à Paris, et les enfans eux-mêmes jouissaient de la qualité de fils de maîtres. Une clause du réglement portait que le frère et la sœur ne seraient reçus que successivement.

Le drap de gros-bleu dont ces enfans étaient uniformément habillés les faisait nommer les *Enfans-Bleus,* et l'établissement lui-même portait vulgairement ce nom.

L'église de cet hôpital était petite et d'une construction gothique; son existence remontait probablement à l'année de la fondation. Suivant l'habitude constante des siècles postérieurs au seizième, en 1671, on éleva au-devant de cette église un portail d'ordonnance corinthienne, d'après les dessins de *François d'Orbay,* architecte assez renommé. C'est en 1817 que tout l'édifice a été démoli, et de ses débris on a construit une vaste maison qui porte le numéro 266 de la rue Saint-Denis.

Il ne reste de l'hôpital que sa grande porte et les voûtes dont elle est accompagnée, rue Greneta, mais l'enceinte a été conservée: c'est ce qu'on nomme aujourd'hui l'*enclos de la Trinité.* Depuis trente ans on y a fait de nouvelles constructions; plusieurs rues y forment une sorte de petite ville exclusivement commerçante et industrielle, dont la population est considérable. Du reste, ceci n'est point, comme on pourrait le penser, un changement complet de destination. Le roi Henri II, dès l'année 1551, y avait établi toutes sortes de manufactures; on y bâtit un grand nombre de boutiques qui furent données à des compagnons habiles qui avaient pour apprentis les *Enfans-Bleus*. Il en est sorti plusieurs ouvriers distingués, et entre autres *Dubourg*, tapissier fameux qui, en 1594, fit les belles tapisseries de Saint-Merry. C'est ce qui engagea Henri IV à rétablir à Paris ces sortes de manufactures dont *Dubourg* devint premier chef.

Ces faits, joints à un grand nombre d'autres, prouvent que la religion et la monarchie, qu'on a tant de fois affecté de représenter comme ennemies de l'industrie, la favorisaient, au contraire, de tout leur pouvoir. Il est donc utile à la vérité que ces faits historiques soient constatés d'une manière incontestable, pour imposer silence aux écrivains calomniateurs. L'enclos est de la paroisse de Saint-Nicolas-des-Champs.

§ III.

Couvent des Carmélites, rue Chapon.

L'établissement de l'ordre de Notre-Dame-du-Mont-Carmel en France date de l'année 1604. La première maison qu'il ait possédée à Paris était située au faubourg

Saint-Jacques. La reine Anne d'Autriche, qui avait une affection toute spéciale pour cet ordre fondé en Espagne, fit autoriser les religieuses du Carmel à former une seconde maison dans la capitale. *Catherine de Gonzague et de Clèves*, veuve de *Henri d'Orléans*, duc de Longueville et gouverneur de Normandie, après avoir beaucoup contribué au premier établissement, voulut être la première fondatrice du second. Le 8 septembre, jour de la Nativité de la sainte Vierge, 1617, les religieuses du Carmel prirent possession de leur couvent; mais ce local n'était ni assez spacieux ni commode. Dans la même rue était un hôtel qui appartenait à l'évêque et au chapitre de Châlons. Cette maison leur ayant paru plus convenable, elles en firent l'acquisition, qui fut consentie par les propriétaires le 24 janvier 1618. Le contrat, signé le 16 août 1619 par *Cosme Clausse de Marchemont*, évêque de Châlons, fut approuvé par lettres patentes du 23 janvier 1621, et enregistrées le 16 mars suivant. Les religieuses y sont désignées sous le titre de *Prieuré et couvent de la sainte Mère de Dieu, ordre de Notre-Dame-du-Mont-Carmel*. Au mois d'octobre 1619, les carmélites quittèrent leur première habitation et occupèrent l'ancien hôtel de Châlons. C'est ici que madame la duchesse *de Longueville* fit principalement éclater sa générosité en faveur de ces dames. On construisit les lieux réguliers et une chapelle dont la dédicace eut lieu en 1625.

Par la suite, ces religieuses augmentèrent beaucoup leur terrain, qui tenait tout l'espace entre les rues Chapon et Montmorency. L'église de ce couvent avait son entrée par la rue Transnonain; elle était de médiocre grandeur, mais, selon l'usage de l'ordre du Carmel, elle était bien ornée; le maître-autel était décoré d'une *Nativité*, par *Simon Vouet*; au chœur des religieuses on voyait dix-neuf tableaux représentant une partie de la vie de Jésus-Christ jusqu'à son crucifiement, par *Verdier* et *Chéron*.

Le couvent et l'église ne présentent plus rien des anciennes constructions, et sur leur emplacement ont été élevées plusieurs maisons particulières. Nous ne savons si le corps de la duchesse de Longueville, qui était dans l'église, en a été extrait lorsqu'elle a été démolie ou dénaturée. Saint-Nicolas-des-Champs a toujours été la paroisse de ce quartier.

§ IV.

Les Pénitens de Nazareth, rue du Temple.

On appelait de ce nom les religieux du *Tiers-Ordre* de saint François d'Assise, parce que ce fut le troisième que ce grand saint institua en faveur des personnes de l'un et l'autre sexe qui ne font point des vœux de religion, et sont sous la juridiction immédiate des ordinaires, c'est-à-dire des évêques diocésains. Cet ordre fut établi l'an 1221, au bourg de Carnerio, dans la vallée de Spolète, en Italie, près la ville d'Assise, où saint François prêchait. Celui dont nous parlons n'exigeait pas qu'on se séparât du monde, mais seulement la règle était composée de plusieurs conseils salutaires pour aider les personnes qui l'embrassaient à vivre d'une manière plus parfaite que les autres chrétiens. On a vu des empereurs, des impératrices, des rois, des reines, une foule de personnages placés dans les plus hautes dignités, se faire un mérite et un honneur d'appartenir au Tiers-Ordre de Saint-François.

Outre ce *Tiers-Ordre* qui convenait, comme on vient de le voir, à toute sorte de personnes engagées dans le monde, il se forma par la suite un institut véritablement monacal composé de religieux vivant en communauté. Avant la révolution, cet institut ou ordre était composé de vingt-quatre provinces, dont la plupart étaient en Italie. Un Parisien nommé *Vincent Mussard* commença cette réforme en 1595. Le premier monastère fut bâti à Franconville-sous-Bois, près de Beaumont-sur-Oise, et le second à l'extrémité du faubourg Saint-Antoine, à Paris, en un lieu vulgairement appelé *Picpus*. Cet ordre comptait aussi des religieuses dans son sein. Les dames de Sainte-Élisabeth, à Paris, près du Temple, étaient du Tiers-Ordre.

Les Pénitens de Nazareth, dont nous parlons, appartenaient aussi au Tiers-Ordre. Le chancelier *Séguier* contribua beaucoup à leur établissement, dans le voisinage des Dames de Sainte-Élisabeth, en 1630. Ils avaient commencé, vers la fin du dix-septième siècle, une grande et belle église; mais, faute de moyens, la construction complète en avait été long-temps retardée. Enfin, en 1732, une personne inconnue mit dans le tronc une somme de cinq mille livres en or, et leur fournit ainsi le moyen, avec d'autres dons qui vinrent s'y joindre, de terminer et d'embellir cet édifice. La dédicace de la chapelle ancienne avait été faite, en 1632, sous le titre de *Notre-Dame-de-Nazareth.* On cite comme le plus remarquable des tableaux que possédait cette église, une Annonciation, peinte par *Lebrun,* qui ornait le maître-autel. Une chapelle de cette église était destinée à la sépulture de la famille *Séguier.* Le chancelier de ce nom, qui, comme nous l'avons dit, était un des principaux bienfaiteurs de ce couvent, était enterré dans le caveau de cette chapelle; on y avait déposé le cœur d'*Armand du Cambout,* duc de Coislin, mort le 16 septembre 1702; celui de *Madeleine du Halgoët,* sa femme, morte le 9 septembre 1705, et celui de *Pierre du Cambout de Coislin,* évêque d'Orléans, cardinal et grand-aumônier de France, mort le 5 février 1706, âgé de soixante-neuf ans. Ce caveau avait reçu les corps de *Madeleine Armande du Cambout de Coislin,* duchesse de Sully, et celui de *Henri Charles du Cambout*, duc de Coislin, pair de France, évêque de Metz, premier aumônier du roi, mort à Paris le 28 novembre 1732. On ne voyait pourtant dans cette église ni monumens ni épitaphes.

Le couvent a suivi le sort de celui des Carmélites de la rue Chapon. L'église, renversée de fond en comble, a laissé un espace qui sert de hangar couvert pour un magasin et qui porte le n° 117 de la rue du Temple. Aujourd'hui, comme avant la révolution, ce quartier est de la paroisse de Saint-Nicolas-des-Champs.

§ V.

Dames de Sainte-Élisabeth, rue du Temple.

On vient de voir que ce couvent était du Tiers-Ordre de saint François, dont nous avons fait connaître succinctement l'origine. L'instituteur est donc *Vincent Mussart*. Plusieurs personnes pieuses entrèrent dans les vues de ce dernier, qui voulait établir cette communauté. Une rente de six cents livres, provenant de *Gabrielle Besson*, belle-mère, et de *Marie Mussart*, sœur de *Vincent*, fut affectée, le 31 octobre 1613, à la fondation de ce couvent. On échangea la moitié de cette rente pour faire l'acquisition de la moitié d'une maison sise rue Neuve-Saint-Laurent, et *Jeanne de la Grange*, qui en était propriétaire, fit don de l'autre moitié. La même année, la nouvelle communauté reçut des rentes qui lui furent données par de généreuses dames dont les noms doivent être ici recommandés à la reconnaissance. Nous les citons d'après Piganiol de la Force. C'étaient *Jeanne Gaudion*, *Marthe Lallement*, *Catherine du Bois*, *Agnès Mazier*, *Marie Bréan*, *Antoinette Claineau*, *Marie Mauclerc*, *Françoise Moinée*, *Marie Desprez*, à laquelle s'associa *Jacques Boucher*, son mari, et enfin un particulier nommé *François Hénault*. Tous ces dons sont de la même année 1613.

Le roi, par lettres patentes du mois de janvier 1614, permit aux filles ou dames du Tiers-Ordre d'établir un *monastère de douze sœurs de la pénitence de l'étroite observance du Tiers-Ordre de saint François*. Les lettres furent enregistrées au parlement le 1ᵉʳ août 1615, et l'évêque de Paris leur permit de construire un couvent dans la rue Neuve-Saint-Laurent, sur l'emplacement de la maison de *Jeanne de la Grange*.

La reine Marie de Médicis se déclara la protectrice spéciale et la fondatrice de ce monastère, et posa la première pierre de la maison et de l'église le 14 avril 1628. C'est pourquoi cette maison portait le titre de *Monastère royal*. L'église ayant été dédiée sous le vocable de Notre-Dame-de-Pitié et de Sainte-Élisabeth de Hongrie, ce couvent en avait pris le nom, comme celui des religieux du Tiers-Ordre, dont nous avons parlé au paragraphe précédent, avait pris son nom du vocable de son église. Ces dames se vouaient à l'instruction des jeunes demoiselles, qui étaient vêtues de noir. Elles se rendaient ainsi utiles à la société, et avant la révolution leur pensionnat était dans un état assez brillant. Ce couvent n'existe plus, mais l'église, plus heureuse que tant d'autres, a pu non seulement survivre à la suppression du monastère, mais encore s'agrandir et s'embellir. Depuis 1793 jusqu'à 1803, l'église de Sainte-Élisabeth servit de magasin pour les farines. Une nouvelle circonscription des paroisses de Paris ayant été faite par suite du Concordat de 1802, une grande partie de l'ancien arrondissement paroissial de Saint-Nicolas-des-Champs et quelques portions de celui de Saint-Laurent furent enclavées dans une succursale dont l'église fut déclarée insuffisante pour en recevoir la population. C'était une très mauvaise chapelle provisoire. L'ancienne église des Dames du Tiers-Ordre était restée dans la nouvelle circonscription de Saint-Nicolas-des-Champs, mais elle en fut distraite, ainsi que les maisons qui l'environnaient, et fut assignée pour église à la paroisse qu'on venait de former. Celle-ci prit naturellement le nom de Sainte-Élisabeth. Long-temps cet édifice resta tel qu'il était depuis sa construction. Un seul collatéral, celui de droite, accompagnait la nef. A gauche de celle-ci était une

grande chapelle carrée qui servait de chœur aux religieuses. Le chevet de cette église n'était autre que le
grand mur du pignon occidental, derrière lequel s'élevait le monastère. Comme elle fut jugée trop petite
pour la population considérable de la paroisse, on s'occupa de son agrandissement en 1823. Un second collatéral, au côté gauche, symétrisa avec l'ancien. Le
chœur des religieuses devint la chapelle de Sainte-Élisabeth. Les deux bas-côtés se joignirent derrière l'ancien chevet qui fut percé d'arcades, et une chapelle
de la sainte Vierge prolongea l'église derrière le maître-
autel isolé, qui se trouve ainsi placé au milieu de l'é-
glise. Ces travaux, exécutés avec intelligence, furent
terminés en 1830. Nous ne parlons pas d'une sacristie
construite à gauche, en dehors du plan de l'église, et
d'un vaste et commode presbytère qui y est attenant.
Le portail, qui a été conservé dans son intégrité, est
composé de deux ordres d'architecture, en pilastres
doriques et ioniques. L'intérieur de l'église est aussi
d'ordre dorique. En ce moment, on y construit une
vaste chapelle qui doit communiquer avec la nef collatérale gauche, mais en dehors du plan régulier de tout
l'édifice.

Auprès de l'ancien sanctuaire, à gauche, était l'é-
pitaphe de *M. Babinot,* bienfaiteur de cette maison,
et au-dessus on remarquait un beau Christ en marbre.

Quoique nous ne fassions point une notice spéciale

sur cette paroisse dont les antécédens ne remonteraient pas bien haut, comme on voit, on trouvera ici avec plaisir le catalogue de ses curés, depuis sa fondation. Ce sont MM.

Pleinpoint, de 1802 à 1813 ;

Malbeste, de 1813 à 1835 ;

Lacoste, pendant huit mois ;

Jardin, installé le 4 août 1836.

§ VI.

Le Temple, rue du Temple.

Ce grand et fameux établissement, dont le nom a retenti dans tout le monde, a eu des historiens nombreux, non seulement en France, mais en d'autres pays. Notre tâche doit se borner à quelques notions précises, et nous ne pouvions nous dispenser d'en parler, puisque nous nous occupons du passé de la paroisse de Saint-Nicolas-des-Champs autant et plus encore que du présent. Le Temple était jadis enclavé dans la circonscription de cette dernière. Cette maison était le chef-lieu de l'Ordre des Templiers, qui prit naissance à Jérusalem en 1118. *Hugues de Paganis* ou des *Païens, Geoffroy de Saint-Omer* ou *Aumer,* et sept autres dont les noms ne sont point parvenus jusqu'à nous, formèrent le dessein de se consacrer au

service de Dieu, à la manière des chanoines réguliers,
et firent leurs vœux entre les mains du patriarche de
Jérusalem. La fin principale de leur institution consistait à défendre les chrétiens qui visitaient la Terre-
Sainte, à les escorter pour les protéger contre les infidèles et les voleurs, et même à leur donner l'hospitalité. Baudouin II leur accorda une maison du temple de
Salomon, qui est l'origine du nom sous lequel ils furent
connus. Jusqu'à l'année 1125, les neuf premiers chevaliers du Temple n'admirent aucune autre personne
dans leur société. Mais cette année, lors de la célébration d'un concile tenu à Troyes, en Champagne, auquel présidait, au nom du pape Honorius II, l'évêque
d'Albe, légat du Saint-Siége, cinq de ces chevaliers,
présens à Troyes, conjurèrent saint Bernard, qui as-
sistait au concile, de leur donner une règle. On dit
que ce grand saint se contenta de leur adresser quelques avis salutaires pour répondre à l'ordre que le concile lui avait donné de s'occuper de cet objet. Ce concile imposa pour costume aux religieux-chevaliers l'habit blanc, auquel Eugène III, en 1146, ajouta une
croix qui devait figurer sur leurs manteaux. Cette croix
était rouge, pour leur rappeler qu'ils devaient être
prêts à répandre leur sang pour la défense de la religion chrétienne. On croit que c'est en 1148 qu'ils son-
gèrent à s'établir à Paris. Quelques auteurs veulent
que ce soit quelques années plus tôt; mais il n'existe

de monument certain que le titre du mois de novembre 1211, qui établit clairement que les Templiers ont acquis une propriété à Paris, ou plutôt au dehors de cette ville, mais dans un local qui touchait aux portes de la capitale. L'Ordre, en peu d'années, se trouva composé d'un si grand nombre de membres et comblé de tant de richesses, qu'un écrivain, *Matthieu Paris*, affirme qu'ils possédaient neuf mille maisons. Cette prospérité ne fut pas de longue durée, puisqu'on sait qu'en 1312, au concile général de Vienne, où le pape Clément V et Philippe-le-Bel étaient présens, l'Ordre des Templiers fut supprimé, leurs biens immenses confisqués, leurs personnes mises en jugement et plusieurs de ces chevaliers condamnés et mis à mort. Nous n'avons point à émettre un avis sur leurs crimes ou sur leur innocence. Une grande partie de ces biens fut remise aux chevaliers de l'Ordre de Saint-Jean-de-Jérusalem, autrement dits Chevaliers de Malte. Ceux-ci en firent la maison provinciale du grand-prieuré de France. Le titulaire de cette dignité était ordinairement un des plus hauts personnages du royaume. Le dernier qui l'a portée et qui y fut promu, en 1776, était *Louis-Antoine de France, duc d'Angoulême*, fils du comte d'Artois, qui fut depuis roi sous le nom de Charles X.

L'enclos du Temple occupait une grande étendue de terrain enfermé de hautes murailles crénelées. D'espace en espace, s'élevaient des tours, dont plusieurs tombaient en ruine dans le dix-huitième siècle. Celle qu'on appelait la *Grosse-Tour* était dans l'enclos et quatre tourelles en flanquaient les angles. Elle existait depuis 1306. Après avoir servi de magasin d'armes pendant un grand nombre d'anuées, elle ne servait plus qu'à renfermer les titres et archives du grand-prieuré. Ses salles étaient réservées aux assemblées des chapitres, qui avaient ordinairement lieu, tous les ans, le jour de Saint-Barnabé. Toute âme honnête et française éprouve un douloureux saisissement au seul souvenir de l'usage qu'on fit de cette trop fameuse tour, après le 10 août 1792. C'est de là que partit, le 21 janvier 1793, une victime royale qui devait être immolée au progrès des doctrines dont les conséquences ont inoudé de torrens de sang notre patrie et l'Europe tout entière.

L'église, aussi ancienne que les Templiers, était par conséquent dans le style romano-gothique. On dit qu'elle avait été bâtie sur le modèle de Saint-Jean-de-Jérusalem. Le portique ou porche, en forme de coupole portée sur six colonnes isolées, était le seul qui présentât, à Paris, cette disposition architecturale. Les exemples même en sont rares en France et ailleurs. L'autel à la romaine était séparé de la nef par une très belle balustrade en fer poli. Dans le chœur était le mausolée, en marbre noir et blanc, d'*Amador de la Porte,* dont la statue, figurée à genoux, faisait le plus bel éloge de *Michel Bourdin,* un des plus habiles sculpteurs de son temps. *Amador de la Porte*, dont l'épitaphe monumentale retraçait les hautes qualités, avait été nommé grand-prieur de France en 1619, et joignait à ce titre plusieurs autres charges très honorables. Il mourut d'apoplexie, à Paris, le 31 octobre 1640.

Un mausolée, à peu près semblable au premier, dans la chapelle dite de *Jésus*, y avait été élevé à la mémoire de *Philippe de Villiers de l'Isle-Adam*, grand-maître de l'Ordre de Saint-Jean-de-Jérusalem, mort à Malte le 21 août 1534. Ce n'était donc ici qu'un *cénotaphe* d'honneur.

On voyait au fond de cette chapelle un tableau qui portait les armes de Lorraine, et au-dessous une longue inscription, en vers français, à la louange du prince *François de Lorraine*, décédé, grand-prieur de France, le 6 mai 1562. Elle se terminait par cette moralité qui convient à tous les temps :

> Vous doncques qui n'avez pour ayeux ni pour pères
> Les princes et les rois, ne pleurez vos misères ;
> Mais plutost sous la terre allez patiemment,
> Puisque la mort aux grands ne pardonne autrement.

A côté de la même chapelle était une épitaphe de *François de Faucon*, chevalier de Saint-Jean-de-Jérusalem, qui avait servi d'une manière très honorable, en plusieurs combats, contre les infidèles. Il mourut à Paris en 1626.

La chapelle de Saint-Pantaléon possédait, sous une

arcade pratiquée dans la muraille, les restes de deux grands-prieurs de France, *Bertrand de Cluys* et *Pierre de Cluys*, son neveu. Ce dernier avait fait construire cette chapelle sous le vocable de Saint-Pantaléon, en commémoration de la victoire remportée sur les Turcs en 1480, le jour même de la fête du saint.

Il ne reste plus le moindre vestige de ce curieux édifice. La maison du Temple, où se trouvait le palais du grand-prieur, et plusieurs autres bâtimens construits à diverses époques, ont subi le même sort. Il n'y a pas peut-être, à Paris, un autre établissement de grande importance qui, comme celui-ci, ait éprouvé un anéantissement aussi absolu. Une très considérable portion de l'enclos a été changée en un marché couvert, pour la vente de toutes sortes d'objets, mais surtout pour le vieux linge. Il se compose de quatre immenses nefs, sous lesquelles sont placées près de deux mille boutiques. Il fut construit en 1809. Sous l'empire, vers l'an 1811, seulement quelques années avant la restauration, on acheva d'abattre ce qui restait, et notamment la funeste tour qui avait été la prison de l'infortuné Louis XVI et de sa famille. A sa place s'éleva, en 1816, un couvent de Bénédictines de l'Adoration perpétuelle du Saint-Sacrement, dont la façade, sur la rue du Temple, est ornée d'un péristyle de huit colonnes ioniques accouplées. Deux fontaines sont placées aux extrémités, ornées de statues représentant la *Seine* et la *Marne*. La chapelle de ce monastère, terminée en 1823, a une porte extérieure sur la rue du Temple. Elle est d'une très grande simplicité. La prière seule méritait de retracer, en les expiant, les affreux souvenirs de 1792 et 1793.

§ VII.

Les Madelonnettes, rue des Fontaines.

Quoique cette maison n'appartienne plus, depuis le Concordat, à la paroisse de Saint-Nicolas-des-Champs, nous devons en parler suivant notre plan, mais surtout parce que le nom d'un curé de Saint-Nicolas se rattache à sa fondation. Voici comment elle est racontée. Un riche marchand de vins de Paris, homme fort pieux et très charitable, rencontra dans la rue deux filles débauchées. *Robert de Montry,* dont nous parlons, apprit de la bouche de ces prostituées qu'elles avaient formé le dessein d'abandonner leur vie criminelle et de rentrer dans le chemin de la vertu. Robert n'hésita point à les retirer dans sa maison. *Jean Dupont,* curé de Saint-Nicolas, le père *Athanase Molé,* capucin, et le sieur *de Fresne,* officier des gardes-du-corps du roi, se joignirent à *Robert de Montry,* et se vouèrent à l'œuvre si méritoire de réunir le plus grand nombre qu'il serait possible de ces malheureuses, et de leur assurer une retraite où elles pourraient pleurer leurs déréglemens et s'affermir dans la résolution de vivre désormais d'une manière honnête et chrétienne. En peu de temps, on eut le bonheur d'en réunir vingt, pour lesquelles on loua des chambres au faubourg Saint-Honoré. Puis le sieur de Montry, premier promoteur de l'œuvre, leur céda une maison qu'il possédait auprès de la Croix-Rouge, faubourg Saint-Germain. Les religieux de ce nom les autorisèrent à posséder une chapelle dans leur établissement, et l'on y célébra pour la première fois la messe le 25 août 1618. La ferveur des converties devint si grande, qu'elles demandèrent et obtinrent la permission d'être cloîtrées. Mais, pour la prospérité d'une pareille institution, il fallait des ressources que ne possédaient point les quatre zélés fondateurs. Enfin la Providence suscita une charitable dame, à qui la fortune permettait de soutenir le refuge du repentir : *Marguerite-Claude de Gondy,* veuve du marquis *de Maignelai,* acheta, le 16 juillet 1620, une vaste maison rue des Fontaines, dont elle fit don à l'institution naissante, et lui laissa, par son testament, un legs de cent un mille six cents livres. Elle voulut, et c'était bien à juste titre, être déclarée fondatrice, et le roi Louis XIII daigna partager cet honneur en assignant à la communauté une rente de trois mille livres.

C'est le 29 octobre 1620 que les Repenties prirent possession de leur maison.

Il fallait placer sous une sage direction ces filles réconciliées avec la religion et les bonnes mœurs. Un digne prêtre, qui devait après sa mort être inscrit au rang des saints que l'Église honore, Vincent de Paul, s'adressa à Marguerite Lhuillier, supérieure du premier monastère de la Visitation à Paris, pour en obtenir des sœurs qui voulussent prendre le gouvernement des louables imitatrices de Madeleine pénitente. La mère *Marie Bollain*, accompagnée de quatre autres religieuses, se chargea de cette mission délicate. Le pape Urbain VIII autorisa le nouvel institut par une bulle du 15 décembre 1631, et le roi la confirma par lettres patentes du 16 novembre 1634, enregistrées au Parlement le 31 août 1640. Les religieuses de la Visitation gouvernèrent avec beaucoup de zèle et de prudence la maison des Madelonnettes, pendant quarante ans. Les Ursulines les remplacèrent sur la demande des premières, et au bout de quelques années cédèrent la maison aux Dames hospitalières de la Miséricorde, qui y restèrent jusqu'au 2 mai 1720. Enfin, à dater de cette année, les Dames de Saint-Michel furent chargées de cette direction.

Trois catégories de filles de la Madeleine existaient dans cet établissement : la première était composée des plus ferventes, qu'on admettait à faire des vœux ; dans la deuxième étaient celles qui n'avaient point une vocation assez décidée pour les vœux, mais qui, sous le nom de sœurs de Sainte-Marthe, restaient dans la maison ; la troisième comprenait les personnes qui ne goûtaient point assez la vie de communauté, mais qui y restaient pour se fortifier dans de bonnes résolutions, et rentrer ensuite dans le monde pour s'y établir et y vivre chrétiennement. On ne peut assez admirer un institut qui produisait d'aussi excellens résultats, ni assez déplorer la destruction d'un asile aussi éminemment utile à la religion, à la société et à la morale publique.

L'église des Madelonnettes, bâtie en 1680 et dédiée en 1685 sous l'invocation de la sainte Vierge, n'avait rien de bien remarquable, si ce n'est une chapelle exactement semblable à celle de Notre-Dame de Lorette, qui existe près de la ville de ce nom, dans la Marche d'Ancône. Le sieur *de Fieubet,* trésorier de l'épargne, et dame *Claude Ardier,* sa femme, avaient fait les frais de cette construction pour exécuter les dernières volontés de *Marguerite de Fieubet,* leur fille, morte à l'âge de seize ans, le 11 novembre 1646. Cette jeune demoiselle avait deux fois visité la fameuse chapelle de Lorette et témoigné le désir d'en faire construire une semblable. La première messe qui y fut célébrée, le 22 mars 1648, comptait au nombre de ses assistans la reine Anne d'Autriche. La chapelle dont nous parlons était donc antérieure de plusieurs années à l'église elle-même.

Il ne reste de l'ancienne maison que deux corps de bâtimens qui servent aujourd'hui, ainsi que ceux qu'on y a ajoutés, de maison d'arrêt ou prison : toute l'église a été démolie; on en voit encore, seulement du côté de la rue des Fontaines, une arcade et la moitié d'une seconde.

Au-dessous de cette église avaient été pratiquées d'assez vastes cryptes qui servaient de caveau de sépulture pour les religieuses du couvent. Un petit bénitier de pierre, incrusté dans le mur, subsiste encore sous la première arche qui sert de vestibule à cette église souterraine. Dans une des ailes de ces cryptes est un puits. La chapelle actuelle de cette maison d'arrêt est établie dans une salle interne, en remplacement d'une plus convenable qui est aujourd'hui un dortoir.

§ VIII.

Hôpital des Enfans-Rouges, autrement les Enfans-Dieu, aujour-d'hui Marché des Enfans-Rouges, rue de Bretagne, n° 39.

François Ier, sollicité par Marguerite sa sœur unique, femme de Henri d'Albret, roi de Navarre, assigna pour la fondation de cette maison une somme de trois mille six cents livres tournois, qui provenait d'une taxe ou amende imposée aux usuriers. Il n'est pas nécessaire de faire observer que, pour le temps, c'était une somme considérable. *Jean Briçonnet,* président de la chambre des Comptes, à qui la taxe avait été remise, chargea *Robert de Beauvais* d'acheter une maison avec cour et jardin auprès du Temple. Cette acquisition coûta douze cents livres. Le contrat est du 24 juillet 1534, mais ce ne fut qu'en 1636 que le roi Louis XIII reconnut et autorisa cet établissement de charité. On ne devait y recevoir que les petits enfans trouvés à l'Hôtel-Dieu, orphelins de père et de mère, pourvu qu'ils ne fussent point nés dans la ville et faubourgs de Paris; pour ceux qui étaient nés à Paris, il y avait un autre refuge. Selon les lettres patentes, ces enfans devaient porter le nom d'*Enfans-Dieu,* mais comme leur habillement était rouge, symbole de la charité qui les recueillait, le peuple leur donna le nom d'*Enfans-Rouges,* sous lequel ils étaient ordinairement désignés.

Piganiol, qui nous fournit ces documens, fait une description détaillée d'un vitrail du chœur de l'église de cet hôpital : on y voyait le roi François Ier, Marguerite sa sœur, et *Briçonnet,* peints au naturel, caressant les petits enfans auxquels ils avaient ouvert ce précieux asile. Un autre vitrail représentait Notre-Seigneur accueillant avec bonté des enfans que leurs mères s'empressaient de lui amener. Ces deux charmantes compositions ont disparu comme tant d'autres.

Le tableau de la grande chapelle qui est au fond de l'église de Saint-Nicolas-des-Champs, à gauche de l'orgue, serait-il une reproduction de ce dernier vitrail? L'église, qui en elle-même était peu remarquable, n'avait d'autre monument qu'une épitaphe d'*Antoine Briçonnet,* très probablement le fils du président de la chambre des Comptes, qui fut chargé d'acheter la maison dont nous avons parlé. *Antoine Briçonnet,* maître des requêtes, mourut en 1605.

L'hôpital des Enfans-Rouges a subsisté jusqu'à l'année 1772. Par lettres patentes enregistrées au Parlement le 5 juin de cette année, les enfans furent transférés à l'hôpital des Enfans-Trouvés. Les revenus de la maison supprimée furent affectés à ce dernier établissement, mais la chapelle fut conservée pour y faire l'office les dimanches et les fêtes. Un prêtre du clergé de Saint-Nicolas-des-Champs s'y rendait à cet effet, et cette chapelle était une annexe fort utile à la partie de cette grande paroisse qui renfermait dans ses limites une considérable portion du Marais.

§ IX.

Chapelle de Braque, et Couvent de la Merci, rue du Chaume, nᵒˢ 19 et 21.

En 1348, un bourgeois de Paris nommé *Arnoul*

Braque fonda un hôpital et une chapelle auprès d'une
porte de Paris, ou plutôt d'une poterne, située entre
la porte du Temple et celle dite Barbette, à l'endroit
qui fait aujourd'hui le coin des rues du Chaume et de
Braque. Quatre chapelains desservaient cette chapelle
et l'hôpital qui y était annexé. En 1613, la reine Marie
de Médicis demanda cet établissement à *François
Braque* ou *Bracque*, seigneur du Luat, pour y placer
les religieux de la Merci ou de Notre-Dame de la Ré-
demption des captifs. Celui-ci y consentit, céda les
droits qu'il avait sur cette maison comme héritier du
fondateur, et se réserva celui de sépulture dans la chapelle. Aussitôt les religieux prirent possession, et la
capitale fut dotée d'un établissement dont les membres
ont fait tant d'honneur à la religion et à l'humanité. Il
suffit de se rappeler que, par un vœu solennel, ils engageaient leurs biens et leurs propres personnes, quand
il serait nécessaire, pour la délivrance des prisonniers
et des esclaves. On sait que ces dignes religieux, après
avoir recueilli les aumônes des pays chrétiens, s'embar-
quaient pour Alger, Fez, Tripoli, Maroc, Tunis, afin
de racheter des mains des Barbares les infortunés qui
étaient capturés sur mer par les pirates. Que de larmes
ils ont essuyées ! Que de pères, d'enfans, d'épouses, ils
ont rendus à leur famille ! Et c'est aux cris de *Vive la
liberté !* que ces moines si bien méritans de la patrie
ont été chassés de leurs couvens, chargés des fers dont

ils avaient soulagé tant de captifs, et voués à l'échafaud comme des êtres pernicieux!..... On ne sera pas fâché de connaître un passage de la pièce de vers de M. *Alfred des Essarts*, qui vient d'obtenir le prix de l'Académie française.

. . . .

« Frères de la Merci! jamais nom respecté
« Ne s'inscrira plus près de la Divinité.

« . . . .

« Relevant par un mot le courage qui ploie,
« Des ongles du lion ils arrachaient la proie,
« Et ramenaient ensuite, heureux et triomphans,
« Aux femmes leurs époux, aux mères leurs enfans.
« Jamais la charité n'eut un plus doux symbole,
« Car ils touchaient les rois par des récits plaintifs,
« Et du pauvre lui-même acceptant une obole,
« Quêtaient par l'univers la rançon des captifs! »

La vieille chapelle du quatorzième siècle et les bâtimens de l'ancien hôpital devenu couvent, furent abattus au dix-huitième siècle. Tout fut rebâti à neuf sur les plans de l'architecte *Cottard*. Le maître-autel de l'église était orné des statues de saint Pierre Nolasque et de saint Raymond, fondateurs de l'ordre de la Merci. Ces statues étaient les chefs-d'œuvre d'*Auguier,* très habile sculpteur. On voyait dans la nef le tombeau de la famille de *Bracque*. Sur un des piliers était gravée une inscription qui faisait connaître que les cœurs de *Charles de Thémines* et de *Pons-Charles* son fils, y avaient été déposés par les soins d'*Anne Habert de Montmor,* veuve du premier et mère du second. Celui-ci fut tué au siége de Mardick, l'an 1646, âgé de vingt-six ans. *Alexandre-François-Amédée de Lauzières de Thémines,* évêque de Blois à l'époque de la révolution de 1789, était de cette illustre maison. La voûte de cette église a été abattue, mais on a conservé les murs qui la soutenaient, ainsi qu'une partie du grand portail. Cette nef sans toiture est aujourd'hui un magasin de charbon. Ce quartier, distrait de la paroisse de Saint-Nicolas-des-Champs, appartient à celle de Saint-Merry.

§ X.

Les Filles du Sauveur, rue de Vendôme, n° 6.

C'est encore ici une institution qui avait été fondée dans le même but que celle des Filles pénitentes de la Madeleine, ou Madelonnettes. En 1701, madame *Desbordes* s'adjoignit quelques dames pieuses pour procurer un asile de repentir à des femmes de mauvaise vie, qui formaient la résolution de s'amender et de vivre dans la pénitence. Ces charitables institutrices achetèrent d'abord une maison dans la rue du Temple, auprès de la rue Portefoin; mais s'y voyant logées trop étroitement, elles firent l'acquisition d'une autre maison beaucoup plus commode, rue de Vendôme. Leur église ou chapelle était dédiée au Sauveur, et la fête patronale était la Transfiguration de Jésus-Christ, au 6 août. Le vocable de la chapelle leur avait fait imposer le nom sous lequel elles étaient connûes.

Ce que nous venons de dire est extrait de *Piganiol,* qui ne fait aucune mention de ce qu'on va lire. *Thiéry,* dans son *Guide des voyageurs* à Paris, ne parle en aucune manière de madame *Desbordes,* mais nous apprend que l'abbé *Raveau,* prêtre de Saint-Nicolas-des-Champs, en 1699, fonda cet utile établissement. Il est probable que ce dernier conçut cette pensée, et qu'il chargea de l'exécution du projet la seconde, qui devint la supérieure de la maison. En 1789, les religieuses Hospitalières de Saint-Thomas de Villeneuve dirigeaient cette maison. Il ne reste plus rien, ni de l'église, ni du couvent, dont l'emplacement a été distrait de Saint-Nicolas-des-Champs pour être donné à la nouvelle paroisse de Sainte-Élisabeth. Au surplus, il n'y avait rien de remarquable sous le rapport de l'art.

§ XI.

Les Filles de Saint-Chaumond, rue Saint-Denis et rue du Ponceau.

C'était une institution qui, sans être composée de religieuses proprement dites, obligeait ses membres à vivre en communauté. Madame *de Pollalion*, en 1652, en traça le plan et s'adjoignit quelques autres personnes qui, comme elle, s'engageaient à instruire les nouvelles catholiques, les jeunes orphelines, et même de petites filles dont les parens étaient sans ressource, pour leur donner une éducation. L'établissement dont nous parlons n'avait rien de commun avec l'essai de madame de Pollalion que la conformité des vues. C'est à *Anne de Croze*, une noble et vertueuse demoiselle, que revient la gloire et le mérite de cette fondation. Elle se retira, avec d'autres demoiselles, dans une maison qui lui appartenait à Charonne, et résolut de consacrer toute sa fortune et toute son existence au succès de cette association. Par acte de donation entre vifs, daté du 15 septembre 1672, elle constitua d'une manière solide et durable le *Séminaire de l'Union chrétienne* : c'est le titre qui est donné à cette institution. On jugera que la prudence avait présidé à sa formation définitive quand on saura que, depuis 1661, mademoiselle de Croze et ses compagnes vivaient en communauté, pour consulter l'expérience avant de prendre un parti décisif.

L'archevêque de Paris, M. de Harlay, voulut les posséder dans sa ville épiscopale, et en 1685, ces demoiselles achetèrent l'hôtel du marquis de Saint-Chaumond. Louis XIV autorisa cette réunion, à condition que jamais elle ne pourrait être convertie en maison de

profession religieuse, mais que les *Filles de l'Union*
seraient toujours en état de séculières, sous la direction
immédiate des archevêques de Paris. Non seulement
elles prenaient des pensionnaires, mais elles faisaient
encore des écoles de charité pour les petites filles du
quartier Saint-Denis. Ainsi qu'il arrive souvent, le
peuple ne les appela plus que les *Filles* ou *Dames de
Saint-Chaumond*, parce qu'elles occupaient l'hôtel
de ce grand seigneur.

Ce local dut subir plusieurs changemens indispensables, et une nouvelle chapelle fut construite quelques
années avant la révolution ; la première pierre en fut
posée, le 28 avril 1781, par la princesse de Conti, qui
avait fait beaucoup de bien à cet établissement. La
maison subsiste encore presque en son entier, et la
chapelle bâtie au coin des rues Saint-Denis et de Tracy
n'a éprouvé qu'un changement de destination. Elle
sert de magasin à un marchand de nouveautés, sous
l'enseigne de *Marie-Stuart*, rue Saint-Denis, n° 372.
Cette chapelle a son vestibule orné de colonnes ioniques
supportant un fronton ; on n'y voyait de remarquable
qu'une *Nativité* peinte par *Ménageot*, et donnée par
la princesse de Conti. Dans le jardin de l'hôtel autrefois
habité par le duc de la Feuillade, fut jetée en fonte la
statue de Louis XIV qui était à la place des Victoires.
Tout le monde sait que ce fastueux monument avait
été élevé à la gloire de son prince par ce grand sei-

gneur, qui voulut ainsi lui témoigner sa reconnaissance.

Ce local est aujourd'hui dans les limites de la paroisse de Saint-Nicolas-des-Champs.

§ XII.

Hôtels.

L'ancienne circonscription de la paroisse de Saint-Nicolas-des-Champs renfermait un assez grand nombre d'hôtels habités par de nobles et riches familles. Ses limites actuelles possèdent beaucoup moins de ces opulentes demeures; mais ni l'ancien ni le nouvel arrondissement paroissial n'en offrent plus une seule. Les noms même ont disparu du vocabulaire usuel. Depuis long-temps, les quartiers de Saint-Martin-des-Champs, du Temple, de Sainte-Avoye, de Saint-Denis, du Marais, sont exclusivement peuplés de manufacturiers, fabricans, industriels, commerçans. Peu de rentiers les habitent. L'industrie y a donc attiré aussi une très grande population d'ouvriers.

Les hôtels les plus remarquables sont les suivans :

Hôtel de *Beauvilliers* ou de *Saint-Aignan*. C'est un des plus beaux et des plus vastes de Paris. Les trois faces du bâtiment, du côté de la cour, sont ornées de pilastres d'ordre corinthien qui s'élèvent jusqu'à l'entablement. Il fut bâti au dix-septième siècle par l'architecte *Lemuet. Paul de Beauvilliers*, duc *de Saint-Aignan*, mort en 1714, l'avait acheté de *Claude de Mesmes*, comte d'*Avaux*, et lui avait donné son nom. Long-temps avant la révolution de 1789, cet hôtel n'était habité par aucun membre de cette noble famille. Il est rue Sainte-Avoye, n° 57, et hors de l'enceinte actuelle de la paroisse de Saint-Nicolas-des-Champs. M. *Colliau* en est, en ce moment, propriétaire

Hôtel d'*Estrées*, rue Jean-Robert, n° 17. La fameuse *Gabrielle* l'a habité. Tout le corps de logis, à la droite de la cour, est évidemment du règne de Henri IV et même de Henri III. Il est possédé aujourd'hui par M. *Grondard,* adjoint à la mairie du sixième arrondissement de Paris.

Hôtel de *Montmorenci*, rue de ce nom, n° 1. Long-temps avant la révolution, aucun membre de cette illustre maison ne l'habitait. Cet hôtel n'est remarquable qu'à cause du nom qu'il porte. M. *Béchem*, marchand de fourrures, mort dernièrement, en était propriétaire.

Hôtel de *Vic*, rue Saint-Martin, n° 151, vis-à-vis la rue de Montmorenci. C'est là qu'avait son habitation le célèbre *Guillaume Budé*, dont nous parlons amplement au chapitre II, § IV. Il avait été bâti sous François Ier, et à cette époque c'était un des plus grands et des plus beaux de Paris. Il devint ensuite la propriété de *Merri de Vic,* garde des sceaux, qui lui donna son nom. Quelques personnages distingués l'ont habité, entre autres M. *de Saint-Contest,* conseiller d'État, plénipotentiaire aux congrès de Bade et de Cambrai. Du reste, *Merri de Vic* détruisit entièrement l'hôtel de *Budé,* et ce qu'on voit aujourd'hui est une seconde altération de la première. Cette maison, exclusivement occupée par des magasins, etc., appartient à madame veuve *Labalte.*

Les quatre hôtels dont nous venons de parler sont les seuls dont les noms présentent un peu d'intérêt historique. Dans l'ancienne circonscription se trouvent ceux de l'*Intendance,* rue de *Vendôme,* n° 11. Les bureaux de la généralité de Paris y étaient placés. Le général *Friant* l'avait fait restaurer du temps de l'empire et y faisait sa demeure.

Celui qu'on voit rue des *Enfans-Rouges,* n° 2, était la demeure du duc *de Hostun-Tallard,* en 1749. Dans cette rue et celle *du Chaume* étaient des hôtels habités par MM. *de Machault,* contrôleur-général des finances sous Louis XV; *Amelot,* id., etc. Le célèbre lieutenant de police *Lenoir* a habité celui qu'on voit rue *Michel-le Comte,* n° 21. L'hôtel de la rue *Charlot,* n° 45, était celui des *Vivres de l'armée.* On dit que c'est dans une salle de cet hôtel, provisoirement disposée en chapelle, que *Napoléon Bonaparte* épousa *Joséphine,* veuve de *Beauharnais.* D'autres affirment que c'est dans celui de l'*Intendance*, habité alors par *Joséphine* (1).

(1) Il est certain qu'on a cru très généralement à Paris que le général *Bonaparte* avait épousé *Joséphine Tascher*, en 1796, civilement et religieusement. Néanmoins, selon la déclaration faite au nom de Napoléon, le 22 décembre 1809, à l'officialité du diocèse de Paris, il n'y aurait eu de mariage religieux que la bénédiction nuptiale donnée le 1er décembre 1804, à Napoléon et à Joséphine, par le cardinal Fesch, et c'est de la nullité radicale de ce mariage, sans témoins et sans présence de ministre compétent, qu'on aurait argué pour obtenir de contracter avec *Marie-Louise d'Autriche*. Nous pouvons affirmer, d'après l'acte civil du mariage de *Bonaparte* avec *Joséphine veuve Beauharnais*, que la future était domiciliée à Paris, rue Chantereine, faubourg Montmartre. Joséphine aurait-elle changé de demeure pendant que Napoléon, parti aussitôt après le dit mariage civil, était en Italie, et à son retour le mariage religieux aurait-il été fait dans l'un des hôtels désignés? Cela est possible, mais rien ne le prouve. Nous croyons devoir joindre à ce que nous venons de dire, une nouvelle considération, et le lecteur pourra juger. On lit dans les *Mémoires du cardinal Pacca* que lorsque Pie VII fut arrivé à Fontainebleau, Napoléon se hâta de faire prier Sa Sainteté de couronner son épouse Joséphine en même temps que lui-même serait sacré. Le pape demanda si Napoléon était le légitime époux de Joséphine, quant au lien religieux..... Le cardinal Caprara et plusieurs grands personnages certifièrent que les deux époux avaient contracté devant l'Église. Nous demandons à présent comment le cardinal et les témoins auraient pu attester à Fontainebleau, dans les derniers jours de novembre (le pape y était arrivé le 25 de ce mois), un fait qui ne serait arrivé à Paris que le 1er décembre suivant? Peut-on supposer que le pape aurait attendu le jour même de la veille du couronnement pour prendre cette information? Les mémoires précités font entendre clairement

Dans la circonscription actuelle de la paroisse, outre les trois hôtels d'*Estrées,* de *Montmorenci* et de *Vic,* on remarque l'hôtel *Fraguier,* rue *Chapon,* n° 5, possédé et très embelli par M. *Lupin;* l'hôtel *Hallwyl,* bâti sous Louis XV, par le colonel suisse de ce nom. Une porte, décorée de colonnes et surmontée d'un tympan, y donne entrée rue *Michel-le-Comte,* n° 32. Son possesseur actuel est M. *Guyot de Villeneuve.*

que l'information fut prise à Fontainebleau par le pape dès qu'il fut arrivé en cette ville où Napoléon s'était hâté d'envoyer les personnages chargés de la mission dont nous avons parlé. Si Napoléon était l'époux légitime de Joséphine, aux derniers jours de novembre, pourquoi le mariage religieux se serait-il célébré le 1er décembre, veille du sacre, dans un appartement des Tuileries? C'est pourtant un mariage du 1er décembre que Napoléon fit casser par l'officialité diocésaine.....

CHAPITRE IV.

NOMENCLATURE ÉTYMOLOGIQUE ET TOPOGRAPHIQUE DE LA CIRCONSCRIPTION PAROISSIALE DE SAINT-NICOLAS-DES-CHAMPS.

§ I.

Rues.

Nous prions d'observer que, contrairement au plan adopté pour le chapitre précédent, nous avons cru devoir nous borner aux limites actuelles de la paroisse. Au deuxième paragraphe du chapitre Ier, nous avons donné les noms des rues dont elle se composait en 1292, et au chapitre III on a pu voir que cette paroisse comprenait une partie considérable de ce qu'on nomme le *Marais*. Depuis le Concordat, le *Marais* tout entier appartient aux nouvelles paroisses de Sainte-Élisabeth, de Saint-Jean-Saint-François, de Saint-Denis-du-Saint-Sacrement, des Blancs-Manteaux, et à celles de Saint-Paul-Saint-Louis, Saint-Merri, et Saint-Gervais, en partie. La paroisse de Saint-Nicolas-des-Champs a reçu en compensation beaucoup de rues du quartier de la Porte Saint-Denis. Son étendue est moins considérable, mais sa population, qui était, avant 1789, de plus de quarante-cinq mille âmes, loin de diminuer, a reçu une augmentation. Ses limites sont tracées, d'une manière assez précise, par un parallélogramme, dont les quatre côtés regardent à peu près les quatre points cardinaux : au nord, les boulevarts *Saint-Martin* et *Saint-Denis*, numéros impairs ; à l'ouest, la rue *Saint-Denis*, numéros pairs ; au sud, les rues *Aux-Ours* et *Michel-le-Comte*, numéros pairs ; à l'est, la rue du *Temple*, numéros impairs. Un petit carré, dans lequel est renfermée l'Église de Sainte-Élisabeth, entre les rues du *Temple*, des *Fontaines*, de la *Croix* et *Neuve-Saint-Laurent*, fait une échancrure à cette ligne de l'est. Cette portion fut détachée de la circonscription de Saint-Nicolas-des-Champs en 1803, lorsque l'ancienne chapelle des *Filles de Sainte-Élisabeth* fut érigée en succursale, afin que l'église de cette paroisse se trouvât dans ses propres limites.

En procédant par ordre alphabétique, les rues de la circonscription, depuis l'ordonnance du cardinal de Belloy, archevêque de Paris, datée du 29 avril 1803, sont celles de :

APPOLINE (Sainte-), de la rue Saint-Martin à celle Saint-Denis. Son nom lui vient de la sainte qui est honorée dans l'église de Saint-Laurent, à laquélle cette rue appartenait.

AUMAIRE, ou plutôt *Au Maire,* de la rue *Frépillon* à celle *Saint-Martin.* Au.treizième siècle, on la désignait, en latin, sous le nom de *Vicus Majoris Sancti-Martini,* rue du Maire de Saint-Martin, parce que le *maire* ou *juge majeur* de la juridiction du prieuré de Saint-Martin-des-Champs y avait son tribunal. C'est la maison bâtie à droite du portail latéral de Saint-Nicolas, qui était, avant la révolution, celle de la communauté des prêtres de cette paroisse. Aux quinzième et seizième siècles, on écrivait rue *Au Mayre.* Il serait plus conforme à l'étymologie d'écrire rue *Au Maire.*

BOURG-L'ABBÉ, de la rue *Aux Ours* à la rue *Grénéta.* Elle tire son nom d'un bourg qui existait sous les rois de la seconde race, et où fut construite une chapelle qui, sous le vocable de Saint-Georges, dépendait de l'abbé de Saint-Magloire. C'était la grande rue de ce bourg.

CHAPON, de la rue du *Temple* à la rue *Transno-*

nain. On la nommait *Vicus Begonis sivè Caponis*. Il en est fait mention dans les terriers de Saint-Martin, pour les années 1293 et 1300. Un auteur a voulu l'ennoblir en la nommant rue du *Coq*; un autre y a attaché un sens immoral.

CIMETIÈRE-SAINT-NICOLAS, de la rue *Transnonain* à la rue *Saint-Martin*. Le cimetière de la paroisse faisait le côté septentrional de cette rue.

DENIS (Saint-), la partie qui va du coin de la rue *Aux Ours* à la porte Saint-Denis, numéros pairs. Elle s'appelait aussi la *Chaussée* ou *Grant-Rue qui conduit à l'abbaye Saint-Denys*. Sous Philippe-le-Bel, depuis les Innocens jusqu'à la Seine, on la nommait rue de la *Sélerie*. C'est une des plus grandes et des plus fréquentées de Paris.

FONTAINES (des), de la rue du Temple à la rue de la Croix, numéros impairs. Dès le commencement du quinzième siècle, elle est ainsi désignée. Son nom lui vient-il des fontaines ou d'un nom propre? *Jaillot*, qui a fait de très curieuses recherches sur les noms des rues, n'en dit rien. Il ajoute seulement qu'elle était quelquefois appelée rue des *Madelonnettes*, à cause du couvent dont nous avons parlé.

FRÉPILLON, de la rue *Au Maire* à celle de la *Croix*. Un acte de 1269 la nomme *Vicus Ferpillionis*. Or, comme, à quelques lieues de Paris, était une paroisse de ce nom, dont le patron est Saint-Nicolas, il est probable que le seigneur du château avait une maison dans cette rue qui en a pris le nom.

GRAVILLIERS (des), de la rue du *Temple* à la rue *Transnonain*. On la trouve nommée, en 1250, *Vicus Gravelarii*. C'était peut-être le nom d'un habitant. Au reste, on appelait anciennement *gravelier* l'ouvrier qui s'occupait d'extraire du gravier ou du sable de la rivière. Ne pourrait-on pas dire qu'en cette rue demeuraient les gens de cette profession ? Le *gravelier* dont il est parlé au titre du treizième siècle, était peut-être l'entrepreneur de ce travail. On n'ignore pas qu'en ce temps-là il n'y avait très ordinairement de nom propre de famille que celui de la profession, auquel s'adjoignait le prénom du baptême.

GRENETA ou GRENETAT, de la rue *Saint-Martin* à la rue *Saint-Denis*. Il est peu de rues à Paris dont on ait estropié si horriblement le nom primitif. Au treizième siècle, c'était la rue *d'Arnetal*, du nom d'un de ses principaux habitans. Bientôt on en fit *Darnestat*, *Guernestat*, *Garnetal*, *Grénétal*, et enfin *Grénéta*. Comme c'est dans cette rue qu'était la principale porte de l'hôpital de la Trinité, un antiquaire a cru que le nom de *Grénétat* était une corruption de *Trinité* ou *Trinitas*, dont on aurait fait *Grinitas*, *Grenetad*, etc. Cependant, au dix-huitième siècle, on la trouve désignée sous le nom de *Darnetal*, en plusieurs almanachs ; mais le peuple a persisté dans sa ridicule appellation, et les peintres officiels de la ville ont consacré ce nom en l'inscrivant sur les murs.

GRENIER-SAINT-LAZARE, de la rue *Transnonain* à la rue *Saint-Martin,* numéros pairs. Encore une altération ! Une famille *Garnier de Saint-Lazare,* très considérable à la fin du douzième siècle, lui a donné son nom ; elle s'est long-temps appelée rue *Guernier de Saint-Ladre.* Saint Lazare était ainsi nommé au moyen âge. Ce personnage, selon *du Breul,* « contribua à « l'entretenement de deux prestres en l'église de Saint- « Symphorian, près Saint-Denys de la Châtre, en la « Cité. » On voyait dans cette église les tombes qui couvraient les restes de *Garnier de Saint-Lazare* et d'*Agnès sa femme,* avec leurs effigies gravées sur la pierre et cette inscription tout autour :

« Vos qui alez par cest moustiez priez por lame de « Garniez Tesaul. Si en corce je suis vos e si con je sui « roiz si con. » *Du Breul* a consigné ainsi cette inscription dans son *Théâtre des Antiquitez de Paris.* Nous ignorons si elle est bien exactement copiée, car notre confiance envers cet écrivain n'est pas sans bornes. Il l'a ainsi traduite : « Vous qui venez en cette « église, priez pour l'âme de Garnier Tesaul ; si à pré- « sent je suis nud, vous serez un jour de mesme, roys « et comtes. » Nous pensons qu'on pourrait beaucoup mieux traduire ainsi la fin : « Vous serez aussi comme « je suis et les rois aussi ; *sicon,* c'est-à-dire pareille-

« ment. » Nous ne garantissons aucune de ces versions. Ce qu'il y a de certain, c'est qu'au lieu de *Garnier*, le peuple a imaginé l'appellation de *Grenier*, qui exprime une idée toute différente. L'enceinte de Paris, sous Philippe-le-Bel, mettait cette rue hors de la ville, et la porte Saint-Martin s'élevait sur ce point.

GUÉRIN-BOISSEAU, de la rue *Saint-Martin* à la rue *Saint-Denis*. Dès la fin du treizième siècle, elle est nommée en latin *Vicus Guarini Bucelli*. Elle a porté les noms de *Garin-Boucel*, et enfin de *Guérin-Boisseau* qui l'habitait, sous le nom de *Guarin Boucel*.

HURLEUR (Grand-), de la rue *Saint-Martin* à la rue *Bourg-l'Abbé*. Elle est désignée dans le titre de 1253 sous les noms de *Heuleu* et *Huleu*. Dans quelques plans, elle est nommée rue du *Pet*, et rue des *Innocens*. On a voulu trouver son étymologie dans l'invitation que les parens adressaient à leurs enfans au sujet des débauchés qui fréquentaient certaines maisons de cette rue : *Hue-les*. Adrien de Valois, le célèbre historien dont les restes reposent dans l'église de Saint-Nicolas-des-Champs, a adopté cette opinion. *Jaillot* ne l'admet pas, et il croit plus vraisemblable que son nom lui vient de *Hugues Leu*, un de ses principaux habitans. Il est certain qu'on disait anciennement *Hue* pour *Hugues*. De *Hue-Leu* à *Hurleur*, il n'y a pas loin.

HURLEUR (Petit), de la rue *Bourg-l'Abbé* à celle de *Saint-Denis*. Elle a porté le nom de rue *Pavée* ou

Paslée, un des fondateurs de l'hôpital de la Trinité. Le nom de *Hurleur*, donné encore à celle-ci, ne peut avoir une origine différente de celui de la première ; l'une était la grande et l'autre la petite rue de *Hugues-Leu* ou *Loup*, en latin *Hugo-Lupus*. Aujourd'hui encore, la paroisse placée sous le vocable de Saint-Loup, évêque de Sens, est nommée *Saint-Leu*.

JEAN-ROBERT, de la rue *Transnonain* à celle *Saint-Martin*. Elle tire son nom d'un de ses habitans. Au commencement du dix-huitième siècle, elle s'appelait rue des *Gravilliers*, dont elle n'est qu'une continuation interrompue par la rue *Transnonain*.

LA CROIX (de), de la rue *Phélipeaux* à la rue *Neuve-Saint-Laurent*. *Jaillot* en parle en ces termes : « Ce nom lui vient d'un canton de la Courtille Saint-« Martin, hors les murs, qui s'appelait la *Croix-Neuve* « en 1546..... La dénomination de ce canton, suivant « toute apparence, était due à une croix qu'on y avait « élevée ou rétablie depuis peu. C'était un usage ordi-« naire de placer des croix à la sortie des villes, à l'en-« trée des principaux chemins et dans les carrefours. » Les numéros impairs, et les pairs 2, 4 et 4 bis, sont de Saint-Nicolas-des-Champs.

MARTIN (Saint-). Elle traverse, du sud au nord, le centre de la paroisse, du numéro pair 130 et du numéro impair 137, jusqu'au boulevart. C'est une des plus longues et des plus passantes rues de la capitale.

Le prieuré de Saint-Martin-des-Champs lui a donné son nom. L'église paroissiale est entre les numéros 202 et 204.

MESLAY, de la rue du *Temple* à la rue *Saint-Martin*. Au commencement du dix-huitième siècle, elle n'avait que très peu de maisons, dont la plus considérable était celle de M. *de Meslay;* aujourd'hui, cette rue se compose, sur ses deux lignes tirées au cordeau, de maisons dont la très grande partie se fait remarquer par la beauté des constructions. Sa longueur et sa largeur en font une des plus belles de Paris, qui compte un si grand nombre de quartiers magnifiquement bâtis.

MICHEL-LE-COMTE, de la rue du *Temple* à la rue *Transnonain*. Au treizième siècle, elle était connue sous le nom latin de *Vicus Michaelis comitis;* « rue du Comte *Michel.* » Celui-ci y avait sa maison. Les numéros pairs sont seuls de la paroisse de Saint-Nicolas.

MONTMORENCY, de la rue du *Temple* à la rue *Saint-Martin*. Anciennement, à partir du coin de la rue *Transnonain* jusqu'à celle de *Saint-Martin*, cette partie s'appelait rue *Cour* ou *Court-au-Villain*. On trouve facilement l'origine du premier nom lorsqu'on sait que la noble maison de *Montmorency* avait son hôtel dans cette rue, presque au coin de celle du *Temple;* mais l'origine du second est assez incertaine, car on a écrit aussi *Cour-Auvillain*. Quoi qu'il en soit, le roi, par un arrêt de son conseil, en 1768, ordonna que cette dernière, qui n'est que la continuation de la rue de *Montmorency*, prendrait ce même nom.

NEUVE-SAINT-DENIS, de la rue *Saint-Martin* à la rue *Saint-Denis*. Elle a porté aussi le nom de rue des *Deux-Portes*. En 1655, elle est nommée rue *Neuve-Saint-Denis*.

NEUVE-SAINT-LAURENT, de la rue du *Temple* à la rue de la *Croix*, numéros pairs. Au commencement du quinzième siècle elle portait ce nom. Elle a long-temps appartenu à la paroisse de *Saint-Laurent*.

NEUVE-SAINT-MARTIN, de la rue *Notre-Dame-de-Nazareth* à la rue *Saint-Martin*.

NOTRE-DAME-DE-NAZARETH, de la rue du *Temple* à la précédente, dont elle est une continuation interrompue, seulement d'un côté, par la rue du *Pont-aux-Biches*. Le couvent des *Pères de Nazareth*, dont nous parlons au chapitre III, lui fit donner ce nom dès 1630, car auparavant toute cette longue et belle rue s'appelait : *rue Neuve-Saint-Martin*. Ne serait-il pas à souhaiter qu'un seul et même nom fût imposé à ces voies publiques qui ont une même direction ?

OURS (aux), de la rue *Saint-Martin* à la rue *Saint-Denis*, numéros pairs. Ce nom est encore une de ces corruptions si fréquentes de langage. Dès le treizième siècle, tous les rôtisseurs d'oies, alors nommées *ouës* et *oës*, étaient établis dans cette rue, désignée par l'appellation de *rue où l'en cuit les oës*, sous le règne de saint Louis. On disait en latin : *Vicus ubi coquuntur anseres.* On la voit aussi nommée : *Vicus ad Aucas;* « rue aux Oies. » Le peuple a fait, de ces oiseaux, des quadrupèdes qui ne leur ressemblent guère.

PHÉLIPEAUX, de la rue du *Temple* à celle de *Frépillon.* Il n'y a dans ce nom rien qui se rapporte à la famille de *Phelippeaux* ou *Phelypeaux*, de laquelle sont sortis un chancelier de France, dix secrétaires d'État, et plusieurs autres personnages distingués ; ce n'est encore ici qu'une altération populaire. Un titre de 1397 la nomme rue *Frépaux;* au seizième siècle, *Corrozet* l'appelle *Fripaux;* un titre de 1636 n'en retranche que la dernière lettre. On a ensuite écrit *Phelippot,* puis *Philippeaux,* et enfin *Phélipeaux.* Un habitant du nom de *Frépaux* lui avait légué son nom.

PONCEAU (du), de la rue *Saint-Martin* à celle de *Saint-Denis.* La configuration de cette rue retrace assez exactement la lettre Z. Au quatorzième siècle, c'était la rue du *Poncel,* c'est-à-dire du *petit pont* qui servait à traverser un égoût découvert.

PONT-AUX-BICHES, du coin des rues du *Vertbois* et *Neuve-Saint-Laurent* aux coins des rues *Neuve-Saint-Martin* et *Notre-Dame-de-Nazareth.* Cette très courte rue n'est que la continuation, du sud au nord, de celle de *La Croix.* C'est encore un petit pont sur un égoût qui lui a donné son nom ; l'autre moitié lui vient d'une enseigne où l'on avait peint des biches.

TEMPLE (du), de l'extrémité septentrionale de la rue *Sainte-Avoye* jusqu'au boulevard. Les numéros impairs du 1er jusqu'au 95, et du 113 jusqu'au dit boulevard, appartiennent à Saint-Nicolas-des-Champs ; du numéro 97 jusqu'au 111, la rue est dans la circonscription de Sainte-Élisabeth ; nous en avons donné la raison : au rang de ces huit maisons se trouve placée cette dernière église. Sur l'autre côté de la rue était le célèbre Temple qui nous a fourni le sixième paragraphe du chapitre précédent.

TRACY (de), de la rue du *Ponceau* à la rue *Saint-Denis*. Elle a été presque entièrement bâtie par le comte *Destutt de Tracy*. Cette voie s'appelait anciennement du nom même du couvent des Filles de *Saint-Chaumond*. Le nouveau lui a été donné en 1786.

TRANSNONAIN, de la rue *Beaubourg*, dont elle est la continuation, du sud au nord, à la rue *Aumaire*. Elle s'appela aussi rue de *Châlons*, à cause de l'hôtel de ce nom qui devint ensuite le couvent des Carmélites dont nous avons parlé. Elle avait, au treizième siècle, un nom qu'un sentiment de convenance morale fit changer en celui de *Trace-Nonain*, dont on a fait la dénomination actuelle.

VERTBOIS (du), de la rue *Neuve-Saint-Laurent* à la rue *Saint-Martin*. Pour expliquer ce nom, il suffira de se rappeler que cette rue était anciennement une voie pratiquée au milieu des jardins et des vergers appartenant à l'enclos du prieuré de Saint-Martin-des-Champs.

VERTUS (des), de la rue des *Gravilliers* à la rue *Phélipeaux*. On la trouve ainsi nommée dans un censier de 1546. Pourquoi est-elle ainsi appelée? c'est ce que *Jaillot* lui-même déclare n'avoir pu découvrir. Ce nom serait-il une figure de rhétorique qu'on appelle antiphrase?..... M. *de la Tynna* pense que ce nom lui vient de sa direction vers la barrière des *Vertus*, par laquelle on arrive de Paris au village d'*Aubervilliers-les-Vertus*.

On sera peut-être surpris que nous n'ayons point classé au rang des rues de la circonscription paroissiale celles que nous allons nommer; nous avons voulu en faire une catégorie particulière qui sera justifiée par ce que nous allons dire.

L'enclos de l'ancien prieuré royal de Saint-Martin-des-Champs, dès avant la révolution de 1789, s'était couvert d'un grand nombre de maisons bâties par les religieux ou des particuliers auxquels le terrain avait été concédé. Depuis la révolution, beaucoup d'autres bâtimens y ont été construits. On y a pratiqué plusieurs rues qui ont reçu le nom de quelques personnages dont l'existence se rattache, de différentes manières, à celle du prieuré ou de sa nouvelle destination.

On a donné le nom de rue ROYALE à celle qui tra-

verse, de l'est à l'ouest, tout l'ancien enclos. Ce nom
rappelle que le monastère de Saint-Martin-des-Champs
était de fondation royale, comme on l'a dit en son
lieu. Du côté de la rue Saint-Martin, ce serait plutôt
une place qu'une simple rue. Elle sépare les deux
églises de Saint-Nicolas et du prieuré. C'était, au treizième siècle, la grande cour de celui-ci, et on a vu
qu'elle servait de cimetière à la paroisse. Sa continuation jusqu'à la rue *Frépillon* est l'aboutissant de plusieurs petites rues symétriquement disposées et toutes
tirées au cordeau. Les voici selon l'ordre alphabétique :

BAILLY, ou plutôt Bailli. Le juge de la juridiction
du prieuré de Saint-Martin-des-Champs y tenait son tribunal de bailliage, de même qu'autrefois le juge-mage
ou majeur le tenait rue *Aumaire*, qui en porte encore
le nom. Cette rue a été construite en 1765.

BENOIT (Saint-). Les religieux du prieuré appartenant à Cluni étaient des Bénédictins ; une rue portant le
nom de *Saint-Benoît* dans cet enclos était donc une
parfaite convenance.

BORDA. Depuis que le Conservatoire des arts et
métiers est placé au superbe local de l'ancien prieuré,
on a donné à plusieurs rues qui ont été percées dans
son voisinage les noms de quelques personnages émi-
nens dans les sciences appliquées aux arts. *Jean
Charles Borda* naquit à Dax ou Acqs (Basses-Pyrénées)

le 4 mai 1733; il fut mathématicien, physicien et marin, et se distingua dans cette triple carrière. Il a été capitaine de vaisseau, chef de division au ministère de la marine, et membre de l'Académie des sciences. Sa mort arr va le 20 février 1799.

BRETEUIL. Le personnage dont on a donné le nom à cette petite rue était *Louis-Auguste Le Tonnelier, baron de Breteuil*. Il naquit en 1733, près de Tours, et mourut à Paris le 2 novembre 1807. Il a rempli plusieurs éminentes fonctions et a été ministre du roi Louis XVI, quelques années avant la révolution. Sous son ministère, on a bâti une partie de l'enclos de Saint-Martin.

CONTÉ. Cet habile mécanicien, surnommé *Nicolas Jacques*, naquit le 4 août 1755, près de Séez en Normandie. Il fut un de ces génies dont l'apparition est rare. Outre ses talens extraordinaires en mécanique, il fut bon peintre et excellent chimiste. Lorsqu'on établit le Conservatoire, *Conté* fut un de ses membres, et certes une rue portant son nom autour de cet établissement est un à-propos très heureux. C'est lui qui créa la manufacture des crayons de son invention, connus sous le nom de *crayons-conté*. Il mourut à Paris le 6 décembre 1809.

FERDINAND-BERTHOUD. Cette rue porte le nom du mécanicien né à Plancemont, près de Neufchâtel en Suisse, le 19 mars 1727. C'est lui qui a fait les pre-

mières horloges marines qui ont été si utiles à la navi-
gation, pour l'étude des sciences qui s'y rattachent. Il
mourut le 20 juin 1807, en sa maison de Groslay, près
de Montmorency.

HENRI. Nous avons dit déjà, au commencement de
cette Notice et ailleurs, que le roi de France Henri Ier
avait fondé, ou du moins restauré le monastère de
Saint-Martin-des-Champs.

HUGUES (Saint-). C'est le nom de l'abbé de la fameuse maison de Cluni, en Bourgogne, lorsque le roi
Philippe Ier, fils de Henri, demanda, en 1079, à cette
maison, qu'on lui envoyât des religieux de son ordre
pour les placer à Saint-Martin. Cet illustre abbé mourut en 1109.

MARCOU (Saint-). Nos documens ne nous fournissent
rien de positif à l'égard du saint de ce nom, comme
étant honoré spécialement dans le prieuré de Saint-
Martin ; mais il est probable que la mémoire de ce saint
abbé de Nanteuil, mort en 558, y était en vénération.

MAUR (Saint-). La réforme de l'ordre des Bénédictins connue sous ce nom et opérée en 1621, fut adoptée
par les religieux de Saint-Martin-des-Champs. Cette rue
est donc un mémorial de la réforme du dix-septième
siècle.

MONTGOLFIER. Tout le monde sait qu'il inventa
les ballons ou aérostats. Il était né près d'Annonay (Ar-
dèche), en 1740, et mourut le 26 juin 1810. *Jacques*

Étienne de Montgolfier, frère du précédent, surnommé *Joseph Michel,* né en 1745 et mort en 1799, était associé au premier pour le perfectionnement des aérostats et avait établi une belle fabrique de papier vélin. Le Conservatoire des arts devait donc recommander leur mémoire par une rue située autour de son enceinte.

PAXENT (Saint-). Le prieuré de Saint-Martin célébrait la fête qui a donné le nom à la rue, le 23 septembre. Ce saint était un évêque de Poitiers, à ce qu'on croit ; nous ne pouvons ici entrer dans une discussion approfondie sur ce sujet.

PHILIPPE (Saint-). Le roi Philippe Ier qui, au deuxième siècle, fut comme le second fondateur de la communauté de Saint-Martin, reconnaissait pour son patron ce saint apôtre.

VANNES (Saint-). L'ordre des Bénédictins, outre la réforme de Saint-Maur, en avait une autre sous ce nom.

VAUCANSON. Ce célèbre mécanicien naquit à Grenoble en 1709, et mourut à Paris en 1782. Il fit de merveilleux automates, dont un, connu sous le nom du *flûteur,* jouait admirablement de cet instrument. Cet automate est maintenant en Hollande. *Jacques de Vaucanson* a inventé aussi des machines pour dévider la soie, etc., etc.

La paroisse de Saint-Nicolas-des-Champs se compose

en totalité de quarante-huit rues , dont la principale, qui traverse en entier la circonscription du sud au nord, est celle de *Saint-Martin*.

Un document que nous fournit l'abbé *Lebeuf*, dans son *Histoire de la ville et du diocèse de Paris*, complétera la description que nous venons de faire des rues de la circonscription actuelle de la paroisse de Saint-Nicolas. Nous tirons ce document de l'édition de 1754. Depuis ce temps jusqu'à la révolution , on n'avait rien changé aux limites.

Cet arrondissement paroissial se composait d'un corps principal de territoire et de quelques *écarts*. On nommait de ce nom des parcelles de terrain bâti qui se trouvaient enfermées dans d'autres paroisses. Le corps principal était donc composé ainsi qu'il suit, en abrégeant toutefois notre auteur. A partir de l'église, du nord au sud, le côté gauche de la rue *Saint-Martin*, jusqu'à la rue *Garnier-Saint-Lazare ;* toute cette dernière et celle de *Michel-le-Comte ;* la rue *Sainte-Avoye*, côtés droit et gauche, jusqu'à l'hôtel de *Mesmes* exclusivement ; les deux côtés de la rue de *Braque ;* les côtés gauches des rues du *Chaume* et du *Grand-Chantier ;* le côté gauche de la rue d'*Anjou ;* les deux côtés de la rue de *Poitou* et de la rue de *Limoges ;* toute la rue *Boucherat ;* le côté gauche de la rue des *Filles-du-Calvaire ;* et enfin, à partir de l'angle gauche de cette dernière , les boulevarts jusqu'à la *Porte*

Saint-Martin; puis, en descendant de nouveau du nord au sud, le côté gauche de la rue *Saint-Martin* jusqu'au premier point de départ, qui est le grand-portail de l'église Saint-Nicolas. Dans cet arrondissement, comme on voit, étaient renfermées plusieurs rues dont quelques unes appartiennent aujourd'hui aux paroisses circonvoisines formées depuis le Concordat, et qu'il est inutile de nommer, et les autres sont restées à la paroisse.

Les *écarts* étaient ceux-ci : 1° le carré oblong enfermé entre les rues *Saint-Martin* et *Beaubourg,* dans lequel se trouvent les rues des *Ménétriers,* des *Etuves,* de la *Courroyerie* et *Maubué,* qui vont de l'une des deux premières à l'autre ; seulement, le bout de la rue de *Maubué* donnant dans la rue *Beaubourg* était de Saint-Merry. Le cul-de-sac *Bertaud,* donnant dans ladite rue *Beaubourg,* appartenait, par son côté droit seulement, à Saint-Nicolas.

2° Depuis la porte cochère de l'hôtel qui est vis-à-vis la rue *Montmorency,* hôtel bâti au seizième siècle par *Guillaume Budé* (*v.* le douzième paragraphe du chapitre III), toute la ligne droite de la rue *Saint-Martin,* du nord au sud, jusqu'à la rue aux *Ouës,* aujourd'hui aux *Ours ;* les maisons du côté droit de cette dernière jusqu'à la rue *Quinquempoix,* et dans celle-ci quelques maisons, jusqu'au point où la paroisse de Saint-Merry venait à son tour faire un *écart,* quoique

les maisons qui lui appartenaient fussent plus rappro-
chées de Saint-Nicolas.

3° Enfin, dans la rue *Saint-Denis*, au côté droit,
du sud au nord, après quelques maisons plus hautes,
dans cette direction, que l'hôpital de la Trinité, toutes
celles de ce côté de la rue, jusqu'auprès de la maison
de Saint-Chaumond, étaient encore de Saint-Nicolas-
des-Champs.

§ II.

Boulevarts.

Le nom que nous écrivons a exercé la sagacité des
étymologistes. Quand Louis XIV fit abattre les remparts
de Paris, en 1668, on les remplaça par des allées ou
esplanades complantées d'arbres. Celles-ci se garnirent
de maisons et devinrent de brillans quartiers. Mais
lorsque les fortifications étaient encore debout, un ga-
zon en décorait les glacis, et nos bons ancêtres prenaient plaisir à s'y livrer au jeu de boule. On *boulait*
sur le *vert*. De *boule* et de *vert* à *boulevart*, il n'y a
pas loin. Il est inutile d'entrer dans d'autres dévelop-
pemens. Le côté le plus rapproché de la ville, depuis
la rue du *Temple* jusqu'à celle de *Saint-Denis*, appartient à la paroisse de Saint-Nicolas-des-Champs.

BOULEVART SAINT-MARTIN. Tous les numéros

impairs. Il a pris ce nom de son voisinage du prieuré de Saint-Martin.

BOULEVART SAINT-DENIS. Tous les numéros impairs. Son nom lui vient de la rue *Saint-Denis*, auquel il aboutit, depuis le coin de la rue *Saint-Martin*. Les deux arcs de triomphe connus sous les noms de *Porte Saint-Martin* et *Porte Saint-Denis* ne sont point sur le territoire de Saint-Nicolas-des-Champs.

§ III.

Places.

La première existe dans la rue *Au Maire,* devant le portail latéral de l'église. C'est la place *Saint-Nicolas,* anciennement connue sous le nom de *Cloître*. En effet, toute la face du côté du clocher formait le presbytère. La face correspondante était la maison de la communauté des prêtres de la paroisse. Celle-ci ne possède plus que les deux tiers de l'ancien presbytère, c'est-à-dire la partie la plus ancienne, et qui remonte au règne de Henri III.

La seconde est celle du *Vieux-Marché Saint-Martin.* Elle est complantée d'arbres dans sa longueur, qui est coupée par la rue *Royale Saint-Martin.* C'est là que fut établi le premier marché dont le terrain avait été fourni, pour cet usage, par les religieux de Saint-

Martin. Nous en parlons au paragraphe 1ᵉʳ du chapitre III.

§ IV.

Impasses.

On les nommait anciennement rues *sans chief* et
plus tard *culs-de-sac*. Le nom d'*impasses* est plus
convenable. Mais, cette fois, c'est la capitale qui a
suivi l'impulsion de la province ; car, long-temps avant
Paris, la ville de Bordeaux appelait *impasses* les rues
sans chef ou aboutissant. Dans la circonscription actuelle de la paroisse, nous n'en trouvons que sept. Ce
sont les impasses :

BAS-FOUR, rue *Saint-Denis,* nᵒˢ 300 et 302. *Jaillot* dit que dans les archives de Saint-Martin, en 1374,
ce cul-de-sac portait le même nom qu'aujourd'hui,
mais il avoue qu'il en ignore l'étymologie. Pourquoi
ne pas y voir réellement des fours pour le pain, ou
peut-être encore mieux pour faire la chaux ? Ceux-ci,
en effet, sont les *bas-fours,* et long-temps avant que
l'impasse bâtie existât, il est très possible qu'il y eût
des fours de cette nature.

GRÉNÉTA. Celle-ci fait partie de l'enclos de la Trinité.

PLANCHETTE (de la), rue Saint-Martin, entre les

n°s 254 et 256. Ce cul-de-sac est le commencement d'une rue qu'on avait le projet d'ouvrir jusqu'à la rue du *Temple*. Il existait dès le milieu du dix-septième siècle. Mais lorsqu'on s'occupa de percer la rue *Mes-lay,* il ne fut plus question de bâtir la première. Cette *Planchette* n'était autre chose qu'un petit pont de bois jeté sur l'égoût découvert qui venait de la rue du *Temple* à la rue *Saint-Martin*. Il y existe aujour-d'hui une vaste entreprise de messageries, d'omnibus et de voitures à volonté.

PEINTRES (des), rue Saint-Denis, entre les n°s 216 et 218. *Jaillot* la désigne sous le nom de cul-de-sac de la *Porte-aux-Peintres*. Près de là s'élevait cette porte de ville qui faisait partie de l'enceinte de Philippe-Auguste et qui fut démolie en 1535. Son nom lui vient ou d'une famille de *Gilles le Peintre*, qui y habitait en 1303, ou de *Guyon-le-Doux*, maître peintre, qui ob-tint, en 1542, la permission de bâtir une maison en cet endroit. Cette impasse a aussi porté le nom de l'*Arbalètre*, de l'*Asne Rayé*, etc.

PUITS-DE-ROME. On a donné autrefois à la rue *Au-maire* le nom de *Puits de Rome,* à partir de l'angle de la rue *Transnonain* jusqu'à la rue *Frépillon*. En ce dernier point était un cul-de-sac auquel ce nom a été conservé. *Jaillot* dit que ce nom provient d'une ensei-gne de maison. Du reste, ceci n'est plus une impasse, puisqu'elle aboutit à un passage qui débouche dans la rue des *Gravilliers*:

SAINT-MARTIN. Dans la rue Royale de ce nom.

SAINT-NICOLAS. Même rue que la précédente.

§ V.

Passages.

Il y a peu d'années que ces sortes de communications couvertes ont pris à Paris un grand développement. Avant la révolution de 1789, il n'en existait que quatre dans la capitale. Du moins *Thiéry*, dans son *Guide* de 1787, n'en mentionne que ce nombre. Aujourd'hui, la seule paroisse de Saint-Nicolas-des-Champs en compte plus de vingt. Ils portent le nom d'une ancienne enseigne, ou du propriétaire, ou d'un ancien établissement, ou même de la rue à laquelle ils conduisent, etc. Nous n'avons donc point à nous occuper de ces étymologies, d'autant mieux que généralement les *passages* sont des propriétés particulières.

ANCRE - ROYAL, rue *Saint - Martin*, entre les n°s 171 et 173.

AUMAIRE, rue de ce nom, n° 3, à la rue des *Gravilliers*.

ABBAYE-SAINT-MARTIN.

ARCADE, de la rue *Aumaire* à la rue *Bailli*.

BOURG-L'ABBÉ, de la rue *Saint-Denis* à la rue *Bourg-l'Abbé*, n° 23.

CERF (Grand-), de la rue du *Ponceau* à la rue *Saint-Denis*, n° 350.

CHARIOT-D'OR, rue *Grénéta*, n° 25.

CHAUMONT (de Saint-), rue Saint-Denis, n° 374, et rue du Ponceau, n° 18.

CHEVAL-BLANC (du), rue Saint-Martin.

CHEVAL-ROUGE (du), id.

COUR DU ROI FRANÇOIS, rue du Ponceau et rue Saint-Denis, n° 328.

FRÉPILLON, rue Frépillon, n° 14.

GRAVILLIERS, rue des Gravilliers, n° 28, au passage de Rome.

GRAVILLIERS, id., n° 10, à la rue Chapon.

MARMITE (de la) ou du COMMERCE, rue Frépillon, n° 14, et rue Phélippeaux, n° 27.

MOINE (le), rue Saint-Denis, n° 380.

PONCEAU (du), rue Saint-Denis, entre les n° 356 et 360.

ROME (de), rue des Gravilliers, n° 28.

SAUCÈDE, rue Saint-Denis, n° 224, et rue Bourg-l'Abbé, n° 11.

TRINITÉ (de la), rue Grénéta, n° 38.

§ VI.

Enclos ou Cours, et Variétés statistiques.

Ces enclos sont composés de plusieurs maisons qui y sont renfermées et que l'on distingue, soit par des numéros, soit par des lettres alphabétiques indicatrices des escaliers. La plupart des *passages* que nous venons de nommer sont des *enclos*, dont quelques uns, tels que celui de la *Marmite*, dit aussi du *Commerce*, sont partagés en rues. Le plus considérable est celui de la *Trinité*, formé de l'ancien établissement de ce nom, dont nous parlons au paragraphe II du chapitre III. On y trouve les rues des *Arts*, du *Commerce*, de la *Laiterie*, des *Mécaniques*, des *Métiers*, de *Saint-Alexandre*, et enfin ce qu'on appelle la *Grande-Rue*. Mais ces rues ne sont pas numérotées selon le système adopté par toute la ville de Paris. Il n'existe pour tout l'enclos qu'une seule série de numéros, depuis le chiffre 1 jusqu'à 110.

On sera bien aise de trouver ici quelques vers d'un poème sur les rues de Paris, qui date à peu près du commencement du quinzième siècle. Il a été copié, en 1836, à la Bibliothèque Cottonienne de Londres, par M. *Teulet*, employé aux archives du royaume. M. H. *Géraud*, auteur d'une très importante publication de documens inédits sur les antiquités de Paris, publie ce petit poème à la fin de son travail. Le poète feint qu'il a perdu sa femme et la cherche dans toutes les rues de Paris. Cet opuscule ne diffère du poème de *Guillot*, connu de tout le monde, qu'en ce qu'il présente cette espèce d'intérêt dramatique dont nous venons de parler, et qu'il n'y a point d'expressions ordurières comme dans le premier. L'anonyme débute ainsi :

> Aucunes gens m'ont demandé
> Pourquoy me suy si empiré.
> Ne me vient pas de maladie ;
> Il me vient de mérencolie.
> L'autre jour à Paris alé ;
> Oncques mais n'y avois esté.
> Avecques moy menai ma femme :
> Emprés rue *Neufve-Nostre-Dame*,
> La perdi en un quarrefour
> On n'y veoit ne qu'en un four.
> D'un costé ala et moi d'austre ;
> Oncques puis ne vismes l'un l'austre.
> S'en ay-je bien fait mon devoir.
> Vous sarez bien se je dis voir
> Quand vous sarez où je l'ai quise
> En quel manière et en quel guise.

Après avoir parcouru toutes les rues et ruelles de la Cité, celles du quartier latin, et celles d'une grande partie de la ville proprement dite, sur la rive droite de la Seine, le poète nomme les rues du quartier où est situé Saint-Nicolas-des-Champs :

La rue de *Maucouseil* prins
En la rue *Saint-Denys* vins
Et si fus en la rue aux *Oues*
Où l'on me fist foison de moues.
Sy m'en allay au *Bourc-Labbé*
Où l'on parloit bien d'un abbé.
Et en la rue *Saint-Martin* ,
Là ouy chanter en latin.
De Nostre-Dame moult doulx champs
Par la rue des *Petis-Champs*
M'en vins en *Beauboure* errant
En cul-de-sac petit et grant
En la rue *Geoffroy-l'Angevin*
Là bus-je plein hanap de vin.
Puis en la rue aux *Jongleux* (Ménétriers)
Là trouvay Henry le Boiteux.
Je fus en la rue *aux Estuves*
Où je tombai entre deux cuves.
On me dit que j'avais tort
En la rue *Bertaut qui dort.*
Vins en *Quiquempoit* que j'ai cher
En la rue *Aubry le Buché* (Boucher).

Après avoir parcouru bon nombre d'autres rues, le
poète finit ainsi :

Deux cens rues y a moins six
De là Grant-Pont, pour voir le dis ;
Et trente-six en la Cité,
Et s'y en a pour vérité,
Oultre Petit-Pont quatre-vingts ,
Sans compter celles des Faux-bours.
Puis quis ma femme comme lours
Par my la rue *Saint-Thomas* (du Louvre),

Tant l'ay quise que j'en suis las ;
Or la quière qui la vouldra
Jamais mon corps ne la querra.

Nous terminons notre travail par un aperçu qui ne sera peut-être point sans intérêt. La paroisse de Saint-Nicolas-des-Champs contient dans ses limites quarante-huit rues, deux boulevarts, deux places, sept impasses, vingt passages. En additionnant les numéros des maisons qui en couvrent la superficie, nous en trouvons dix-neuf cents. Ceci n'en est que le *minimum*, pour une raison bien évidente. C'est que nous avons suivi une énumération faite en l'année 1816, dans le *Dictionnaire des rues de Paris*, par M. de la Tynna. Or, il est certain que depuis cette époque on a construit de nouvelles maisons qui n'entrent pas dans ce calcul. La moyenne des feux par maison dans ce quartier, qui est incontestablement le plus populeux de la capitale, est de neuf, et quiconque possède des notions statistiques sur Paris, en 1841, trouvera notre appréciation juste. Enfin nous portons à trois individus chaque feu, *focus*. Une opération arithmétique bien facile prouvera que cette seule paroisse a une population seulement inférieure aux neuf plus grandes cités du royaume, dont chacune renferme dans son sein, au moins, de huit à dix paroisses.

Du reste, une grande population ne composant dans Paris qu'une seule paroisse, n'est pas, comme on pourrait le penser, une chose nouvelle, un résultat de la révolution de 1789. Avant cette dernière époque, les paroisses de Saint-Sulpice et de Saint-Eustache dépassaient quatre - vingt mille âmes.

Il est vrai que les églises abbatiales, collégiales et autres, ainsi que les chapelles des communautés religieuses, étaient ouvertes aux fidèles, et que le clergé de ces églises conventuelles partageait avec celui des paroisses la direction des âmes. Le clergé séculier était aussi beaucoup plus nombreux, et, pour ne citer que Saint-Nicolas-des-Champs, nous dirons que cette église seule comptait plus de soixante prêtres.

APPENDICE.

—

Pour satisfaire au désir de plusieurs personnes, nous avons cru devoir offrir un tableau de l'administration paroissiale de Saint-Nicolas-des-Champs, quoique cela n'entre pas dans notre plan.

Douze prêtres, sans y comprendre les habitués, dont le nombre est illimité, remplissent les fonctions suivantes :

1° M. le curé ;

2° Deux vicaires, pour les mariages et convois funèbres ;

3° Six administrateurs, secondaires spéciaux du curé, pour conférer le baptême et les autres sacremens, ainsi que pour faire les prônes, catéchismes, etc., conjointement avec les trois premiers.

4° Un prêtre-trésorier, chargé d'inscrire les messes et de tenir la comptabilité.

5° Un prêtre, chargé des fonctions de diacre ;

6° Un prêtre, chargé de celles de sous-diacre.

Sur ces douze prêtres, le pasteur est seul rétribué par le trésor public, à raison de 1500 francs, comme curé de première classe. Les onze autres ne reçoivent rien du gouvernement, et leur existence matérielle est fondée sur le traitement que leur paie la fabrique et les oblations éventuelles qu'on désigne sous le nom de casuel. Il en est ainsi dans toutes les paroisses de la capitale.

En un siècle où tout est livré au retentissement de la publicité, il est utile et même nécessaire que l'on connaisse les charges du gouvernement, à l'égard des membres du clergé catholique. Les curés seuls, dans tout le royaume, ont un traitement. Il varie de 1500 fr. à 1200 fr. et à 800 fr. Le second de ces chiffres représente le traitement des curés de deuxième classe, le troisième celui des desservans des succursales. Aucun autre prêtre ne reçoit rien du trésor. Les vicaires des paroisses de campagne retirent une indemnité de 300 francs.

Les clercs de Saint-Nicolas-des-Champs sont de pieux laïques, chargés des fonctions de cruciger, acolytes, thuriféraires, ou assistant au chœur en surplis.

Le chœur est formé :

1° De cinq chantres ;

2° De deux serpens ;

3° D'une contre-basse ;

4° D'un organiste ;

5° De dix enfans de chœur.

Les officiers de l'église sont :

1° Deux sacristains-laïques ;

2° Deux clercs servans de messes ;

3° Deux suisses ;

4° Deux bedeaux ;

5° Un maître sonneur.

Il n'est pas nécessaire de dire qu'aucun de ces serviteurs laïques de l'église ne perçoit rien du gouvernement, et que tous les frais de celui-ci se bornent, pour la paroisse, à la somme de 1500 fr. ci-dessus mentionnée.

Les communautés paroissiales sont :

1° Les frères des Écoles-Chrétiennes pour l'instruction des enfans et des adultes. Ils desservent les paroisses suivantes : Saint-Nicolas-des-Champs, où ils ont leur communauté, rue Montgolfier, n° 1ᵉʳ ; Sainte-Élisabeth, Saint-Ambroise, Notre-Dame de Bonne-Nouvelle, Notre-Dame des Blancs-Manteaux, et Saint-Merry. Leur nombre est de trente.

2° Les sœurs de Saint-Vincent-de-Paul, pour le soin des pauvres et des malades et l'instruction des filles. Elles desservent les paroisses de Saint-Nicolas-des-

Champs, où elles ont leur communauté, rue du Vert-Bois, n° 10, et celles de Sainte-Élisabeth et de Saint-Ambroise. Elles sont au nombre de douze.

Plusieurs autres établissemens pour l'instruction des enfans des deux sexes existent dans cette paroisse.

FIN.

TABLE DES MATIÈRES.

CHAPITRE PREMIER.

CONSTRUCTIONS PRIMITIVES ET SECONDAIRES.

§   I. Discussion préliminaire.   1
   II. Origine de la Paroisse et ancienne Église.   18
  III. Agrandissement définitif.   25
  IV. Extérieur de l'Église ancienne et moderne. .   30

CHAPITRE II.

INTÉRIEUR.

§   I. Description de la grande nef.   37
   II. Nefs collatérales.   49
  III. Chapelles.   52
  IV. Sépultures.   75
   V. Tablettes historiques.   90

CHAPITRE III.

ÉTABLISSEMENS ANCIENS ET NOUVEAUX.

§   I. Prieuré de Saint-Martin-des-Champs.   102
     II. Hôpital de la Trinité.   111
    III. Couvent des Carmélites.   115
     IV. Les Pénitens de Nazareth.   117
      V. Dames de Sainte-Élisabeth.   120
     VI. Le Temple.   124
    VII. Les Madelonnettes.   130
   VIII. Hôpital des Enfans-Rouges.   134
     IX. Couvent de la Merci.   136
      X. Les Filles du Sauveur.   139
     XI. Les Filles de Saint-Chaumond.   140
    XII. Hôtels.   143

CHAPITRE IV.

NOMENCLATULE ÉTYMOLOGIQUE ET TOPOGRAPHIQUE DE LA CIRCON-SCRIPTION DE SAINT-NICOLAS-DES-CHAMPS.

§   I. Rues.   148
    II. Boulevarts.   167
   III. Places.   168
    IV. Impasses.   169
     V. Passages.   171
    VI. Enclos ou Cours, et Variétés statistiques.   173
        Appendice.   178

FIN DE LA TABLE.

www.ingramcontent.com/pod-product-compliance
Ingram Content Group UK Ltd.
Pitfield, Milton Keynes, MK11 3LW, UK
UKHW020830120726
13693UKWH00002B/575